AF351356

Ruggero Dibitonto

# ROSA E AZZURRO
## Dagli stereotipi alla violenza di genere
## (ricerca sui libri di scuola elementare)

Il giardino della cultura

**ISBN 9791280893253**
**Titolo**: Rosa e Azzurro
**Autore**: Ruggero Dibitonto
**Prima edizione**: Giugno 2023
**Editore**: Il Giardino della Cultura (Italia)

# INDICE

Ruggero Dibitonto

# ROSA E AZZURRO
### Dagli stereotipi alla violenza di genere
### (ricerca sui libri di scuola elementare)

# *Premessa*

Secondo il World Economic Forum 2022, che monitora annualmente lo stato dell'arte sulla parità di genere, l'Italia, nella classifica delle pari opportunità, si posiziona solo al 63° posto in un elenco di 156 Paesi al mondo. Ciò induce a pensare che nella nostra società persistano ancora pregiudizi e stereotipi che continuano ad alimentare discriminazioni di genere. L'essere maschile e femminile viene percepito come l'esito di attribuzioni, di significato, memorie, modelli, consuetudini e narrazioni che si radicano nei corpi, tanto da esserne determinanti. La stessa relazione di coppia per secoli è stata basata sul paradigma della divisione degli spazi e delle competenze: agli uomini il mondo, alle donne il privato; agli uomini il governo e la guida, alle donne gli affetti e la cura; agli uomini la razionalità, alle donne le emozioni; agli uomini l'iniziativa, alle donne la risposta solitamente affermativa. Attraverso queste dicotomie, persistenza di credenze condivise, generalizzate attorno ai ruoli, differenti, che spetterebbero a uomini e donne nei molteplici ambiti della vita di tutti i giorni, si è sancita la superiorità degli uni sulle altre, tanto da giustificare relazioni di dominio all'interno della coppia a discapito della dignità individuale e sociale delle donne, fino ad arrivare a forme estreme quali la violenza fisica. Donne uccise dai fidanzati, mariti, compagni, ma anche dai padri, a seguito del rifiuto di un matrimonio imposto o di scelte di vita non condivise. Donne cosparse di benzina e bruciate vive come fossero streghe! Una violenza brutale che mira alla cancellazione rituale e fisica della donna che si rifiuta di vivere in quel ruolo di genere attribuitogli dall'uomo.

Il femminicidio altro non è che l'apice di un'escalation di violenza, prevaricazioni e soprusi, che troppo spesso vengono ignorati, sottovalutati o non denunciati. Dietro questo crimine si nasconde una cultura di sopraffazione, eredità di una mentalità patriarcale difficile da estirpare. Donne ancora oggi accusate di essere loro stesse causa di morte per il loro comportamento provocante e per essersi allontanate dalla virtù e dalla famiglia.

La violenza contro le donne, vera piaga sociale, senza confini geografici né culturali, diviene così violenza di genere, quello maschile, su un altro genere, quello femminile, che ha la sua origine nel complesso sistema di valori, tradizioni e abitudini che si sono sedimentati nel corso dei secoli.

# Parte prima

# GLI STEREOTIPI DI GENERE

# Sesso e genere

Interrogarsi sulla propria identità sessuale vuol dire porsi delle domande sul proprio essere maschi o femmine. Per identità sessuale si intende, infatti, quel costrutto multidimensionale in cui si ritrovano quattro diverse dimensioni: sesso, genere, ruolo di genere e orientamento sessuale.

La prima questione da dirimere è la differenza tra sesso e genere. Dal latino *sexus* (verbo *secare*), vuol dire divisione. Il riferimento è alla differenza morfologica tra maschi e femmine, finalizzata alla riproduzione della specie. È il dato biologico con cui «abitualmente» definiamo gli individui quali maschi e femmine. Al di là dell'evidenza biologica, però, vi è la questione del genere con cui si fa riferimento all'identità della persona: dimensione culturale, delle costruzioni di ruoli e di identità[1]. Cosa è una donna/ un uomo, che cosa significa nascere in un corpo di donna o di uomo? A cosa pensiamo quando definiamo una donna/un uomo? Quale è lo standard di normalità femminile e maschile? Si possono trovare risposte a queste domande considerando solo la dimensione corporale? È evidente che il concetto di genere non può essere utilizzato in modo univoco. Come per altri concetti, anche quello di genere si sviluppa all'interno dei processi storico-sociali. Ne è un esito, sempre sottoposto a tensione, revisione dagli stessi processi intellettuali.

A partire dagli anni '60 e '70 il termine genere è stato usato dalle femministe negli Stati Uniti per indicare l'organizzazione sociale e politica del rapporto tra i sessi, e dunque per denunciarne la struttura di disuguaglianza; ma anche per denotare gli obblighi sociali cui le femmine, a causa di un determinismo biologico, erano sottoposte.

Se è vero che nei secoli c'è stato più interesse da parte delle donne sulla questione di genere, ciò non vuol dire che "l'uomo" debba intendersi come "soggetto già formato in natura". Infatti, è proprio all'interno di complessi processi sociali, simbolici e di potere che si costruiscono il maschile e il femminile. Testimonianza ne è l'aumento su tutto il territorio italiano del numero di cliniche specializzate nell'identità di genere, una maggiore attenzione alla disforia di genere, fino a qualche

---

[1] https://www.cirsde.unito.it/sites/c555/files/allegatiparagrafo/28042016/gender_genere_e_sesso.pdf;

anno fa definita "transessualismo" o "disturbo dell'identità di genere", e in letteratura degli studi sull'identità di genere.

## Ruolo di genere e orientamento sessuale

Se maschi e femmine si nasce, uomini e donne si diventa. Essere uomo e/o essere donna non sono caratteristiche intrinseche alle persone, ma piuttosto l'esito di processi di attribuzione di significati e di significanti della mascolinità e femminilità. Bambine e bambini vengono spinti a comportarsi in modi differenti sin dalla tenera età. Imparano a camminare, parlare e atteggiarsi nel modo prescritto per il proprio genere, secondo le aspettative del gruppo sociale e della cultura di appartenenza. Nel ruolo di genere confluiscono, infatti, le aspettative della società rispetto ai comportamenti appropriati di un uomo o di una donna, ossia tutto ciò che un uomo e una donna fa per manifestare alle persone il proprio livello di mascolinità e femminilità. Sono il complesso delle caratteristiche culturalmente connesse a uomini e donne sulla base delle quali ci si attende di fatto che le persone assumano degli atteggiamenti e si comportino nel modo socialmente adeguato al loro sesso biologico: le femmine secondo i modelli ritenuti come femminili, mentre i maschi secondo i modi intesi come maschili[2]. Dalle bambine, ad esempio, ci si aspetta che si comportino più docilmente sin dall'infanzia, onde attirare su di sé l'appellativo di «maschiaccio». Nei bambini, invece, sono maggiormente tollerati atteggiamenti più spavaldi, sia verbalmente che fisicamente, o più propensi a sfidare il pericolo. Alla maschilità, cioè, si addicono qualità come l'emancipazione, il rischio e il coraggio.
A fare gli uomini e le donne, quindi, non sono solo i fattori biologici, ma si aggiungono altri fattori che possono essere definiti sociali e costano nella diversa interazione tra ambiente di vita e individui a seconda delle loro caratteristiche sessuali.
Quando parliamo di orientamento sessuale si fa riferimento alla capacità di ciascun individuo di provare una profonda attrazione emotiva, affettiva e sessuale verso individui di sesso diverso (eterosessualità), dello

---

2http://dspace.unive.it/bitstream/handle/10579/4243/8230551174594.pdf?sequence=2;

stesso sesso (omosessualità) o di entrambi i sessi (bisessualità) e di instaurarvi una relazione intima[3]. Vi sono poi ulteriori declinazioni, come la pansessualità (pan deriva dal greco e significa "tutto"), ossia persona attratta da ogni genere di persona (uomo, donna, transgender, o una persona non di genere), la polisessualità e la dimesessualità, orientamenti sessuale che si collocano nel campo della "multisessualità". È quest'ultima la dimensione che rifiuta il *binarismo di genere*, ovvero l'idea secondo cui ogni individuo dovrebbe necessariamente identificarsi in uno dei due generi (maschile e femminile), considerati come principali dalla cultura dominante.

Molte teorie con presupposti anche radicalmente diverse hanno tentato di spiegare il "perché" dell'orientamento sessuale. Ancora oggi, però, non esistono spiegazioni soddisfacenti o modelli teorici validi che considerino quale "causa" un solo ed unico fattore, ma si fa riferimento a un modello multifattoriale e multicausale.


## Lo stereotipo di genere

Stabilita la differenza tra sesso e genere, è possibile dare una definizione di stereotipo. La parola deriva da due termini greci *steros* (rigido) e da *typos* (impressione). Dunque, per stereotipo si intende una credenza o insieme di credenze in base a cui un gruppo di individui attribuisce determinate caratteristiche a un altro gruppo di persone, a un luogo, un oggetto o anche a un avvenimento[4]. Un'idea preconcetta, un modello convenzionale, una visione semplificata attraverso cui gli individui decodificano la realtà. È possibile, dunque, pensare che lo stereotipo di per sé sia una cosa negativa? La risposta è certamente no, perché trattandosi di una semplificazione gli stereotipi non sono necessariamente concetti negativi. Quando, allora, diviene problematico? Nel momento in cui lo si associa a un atteggiamento di pregiudizio fondato su un sentimento negativo nei confronti di una persona, gruppo sociale o oggetto.

---

3 https://fra.europa.eu/sites/default/files/fra_uploads/1224-Summary-homophobia-discrimination2009_IT.pdf;

4 https://www.archiviodisarmo.it/view/kLnf55Ar2Rv7LiuP11F_xWFeTo-pVGi-RUKkgSfyGvA/genere-e-stereotipi-di-genere.pdf;

Stereotipo di genere è quella credenza tal per cui esistono specifiche caratteristiche che accomunano gli individui a seconda del loro genere di appartenenza, una rappresentazione delle differenze sessuali che impediscono di distinguere la persona e le sue caratteristiche da quelle che si ritiene debbano essere le caratteristiche del suo genere. Si tratta di attribuzioni legate a luoghi comuni e a sistemi di aspettative e di comportamento che ci si attende essere specifici di un genere e non di un altro. Tal per cui al femminile si attribuiscono qualità come *tranquillità, introspezione, meditazione, paura, silenzio, intimità,* e al maschile *irruenza, estroversione, azione, coraggio, rumore, diffidenza.* Generalizzazioni che per lungo tempo hanno influenzato le aspirazioni delle donne e i comportamenti verso le donne, che nel tempo hanno assunto una funzione normativa, definendo ciò che sono le persone e ciò che dovrebbero essere, producendo aspettative differenti rispetto ai comportamenti femminili e maschili, finendo con il condizionare non solo le idee, ma anche, la dimensione etica dell'agire sociale.


## Maschio o femmina?

Sarà maschio o femmina? È la prima domanda che si sente pronunciare ancor prima che il nascituro venga al mondo. Ed è intorno a questo "dilemma" che si costruiscono le fantasie della coppia in merito al proprio bambino/a e che accompagnerà la prole dall'infanzia a tutto l'arco della vita.

Ci sono coppie di genitori che non vogliono conoscere l'identità di genere fino al giorno del parto. Altre, invece, sentono il bisogno, appena possibile, di "prepararsi" all'arrivo di una femmina o di un maschio. Nell'attesa che il neonato venga al mondo i genitori, in base al sesso del futuro nascituro, scelgono il nome da dare, mettono in moto la macchina organizzativa familiare che li vedrà in alcuni casi acquistare il corredino di color rosa per le femmine e di color azzurro per i maschi.

Tanti sono gli aspetti della vita che vengono definiti in base al genere. Infatti, dopo il parto, per annunciare la nascita di un bambino/a, si è soliti, soprattutto in molte zone del Mezzogiorno d'Italia, apporre all'esterno dell'abitazione il fiocco rosa, se è "arrivata" una femmina, azzurro se la cicogna ha portato un maschio. Dunque, come sostiene Irene Biemmi:

il rosa e l'azzurro durante l'infanzia rappresentano due marcatori estremamente efficaci, funzionali al mantenimento dell'ordine di genere: un ordine rigorosamente binario che non prevede sconfinamento e che ingabbia non solo il femminile ma anche, o forse soprattutto, il maschile[5].

Ma da dove ha origine questa usanza dei colori in base al genere? L'uso dei colori per distinguere i neonati è un fenomeno recente. Per molto tempo, infatti, i colori sono stati asessuati, anzi fino all'Ottocento c'era un solo colore: il bianco. Anzi, si pensava addirittura che il blu, colore più delicato, fosse più adatto alle femmine. Il rosa, invece, era visto più vicino al rosso, colore del sangue, rispetto all'azzurro, considerato simbolo di purezza e associato al colore del cielo o del velo della Madonna. Dunque, per questa ragione era "normale" che un bambino indossasse un abito di seta rosa con ricami floreali.

La prima attribuzione dei colori in base al sesso si trova nel libro di Louisa May Alcott *Piccole Donne*, dove un nastro rosa è usato per identificare la femmina, uno azzurro per il maschio.

Ancora oggi, però, le giovani generazioni sono vincolate da determinate previsioni che vanno a condizionare e influenzarne atteggiamenti e azioni.


## Nei giochi e nello sport: quali stereotipi?

Fin da piccoli gli individui sono indirizzati verso il loro genere di appartenenza, a partire dalla nascita quando l'attribuzione del colore rosa alla femminuccia e il celeste al maschietto è ancora pratica diffusa. Ancora prima che il bambino o la bambina nascano, i genitori pensano al colore del corredino o della stanza in funzione del sesso del nascituro. E allora, la stanza del maschio sarà di colore blu con toni vivaci, mentre la stanza della femminuccia sarà rosa con colori più tenui. Il passo successivo è di solito la scelta dei giochi, laddove ai bambini verranno ritenuti più indicati costruzioni o modelli di automobili, aeroplani,

---

mentre per le bambine vestiti per abbellire le bambole, pupazzi, case e castelli di barbie e principesse[6]. Per poi passare allo sport, alla lettura fino ad arrivare alle decisioni più importanti ossia la scelta degli studi e del ruolo lavorativo. Le scelte di gioco, di studio e di vita in base al sesso, alle inclinazioni personali è già di per sé la base per la creazione di stereotipi di genere. L'attribuzione di determinate qualità caratteriali («É agitato, ma d'altronde è maschio»), come l'enunciazione di propri desiderata in base al genere («Mio figlio mi fa disperare. Avrei voluto due femmine, sono molto più pacate»), o locuzioni come "non fare la femminuccia", "sembri un maschiaccio" sono di per sé espressione stereotipate che appartengono al nostro quotidiano, che diamo per scontate e "naturali" perché profondamente radicate nella nostra società. Società che non tiene in considerazione la singolarità della persona ma che tende a classificarla ragionando attraverso degli schemi mentali che categorizzano gli uomini in un modo e le donne in un altro. Sarà così possibile scoprire che molto di ciò che ci viene in mente (lavori, giochi, modi di vestirsi, modi di comportarsi, modi di parlare) è legato più a ciò che "si fa" che non a ciò che "si è". È questione di esperienza personale, al modo in cui cresciamo, a quello che facciamo, a come ci presentiamo, e come ci relazioniamo con gli altri.

Storicamente le donne sono state indicate come troppo deboli per l'attività fisica e sportiva[7], specialmente per sport di resistenza: si sosteneva che lo sport nuocesse alla salute delle donne, in particolare alla loro capacità riproduttiva. Ancora oggi, però, è possibile imbattersi in stereotipi di genere legati allo sport considerato tradizionalmente un settore dominato dagli uomini e i progressi compiuti nella parità di genere in questo campo sono frenati dalle concezioni sociali di femminilità e mascolinità, che spesso associano lo sport a caratteristiche «maschili» quali la forza fisica e la resistenza, la velocità e uno spirito molto combattivo se non addirittura aggressivo. Le donne, poi, che si impegnano in alcuni sport (calcio, pugilato, rugby ecc.) possono essere viste come «mascoline», mentre gli uomini interessati a sport in cui sono

---

6https://educazione.comune.fi.it/system/files/201904/pu_stereotipi_.pdf;

7 Nel 1886, Pierre De Coubertin, fondatore delle moderne Olimpiadi, affermava: Non importa quanto dura e forte una donna sportiva possa diventare, il suo organismo non è tagliato per sostenere certi shock". Certo che le Olimpiadi non fossero roba per donne, nella prima edizione delle Olimpiadi moderne organizzate nel 1896 ad Atene, le donne non erano presenti.

necessarie grazia e leggerezza (danza, nuoto sincronizzato, pattinaggio artistico) possono essere considerati «poco virili». Nonostante negli ultimi anni si stia assistendo a una maggiore espansione della partecipazione femminile a sport come il calcio e boxe può succedere ancora che la pallavolo venga scelta per le femmine e il calcio per i maschi. Gli stereotipi di genere prevalenti, poi, non solo influenzano la partecipazione delle donne nella pratica sportiva ma anche nei processi decisionali nelle organizzazioni sportive.


## Pace, sicurezza e stereotipi femminili

Storicamente il binomio donne e Forze Armate è terreno di cliché e stereotipi: l'esercito, le armi e la forza sono considerate caratteristiche più tipicamente maschili, per lungo tempo un'organizzazione monogenere, sacrario della mascolinità. Il fatto che un genere come quello maschile abbia escluso per molto tempo il genere femminile è il sintomo di un potere preponderante di questo genere rispetto all'altro. Nel 1881 l'on. Pierantoni, nel dibattito sul suffragio universale femminile, argomentava così la sua contrarietà al voto alle donne: «L'apparecchio fisiologico della donna non permette che essa faccia il soldato, che compia altri uffici sociali; quindi, non è ingiustizia se la donna sia esclusa dalla capacità di essere legislatore[8]». Analogamente, nel Manifesto della Lega Nazionale delle Donne contro il Suffragio, redatto a Londra nel 1908, si faceva notare che ciò che concerne le attività pubbliche rientra necessariamente nella sfera maschile, proprio perché lo Stato esprime la sua forza attraverso la marina e l'esercito. Il fatto che le donne non facessero parte dell'esercito comportava dunque l'esclusione delle donne dalla vita pubblica, dallo Stato, dal voto e in generale dalla cittadinanza. La stessa Costituzione nulla dice sulla possibilità o meno che le donne intraprendano la carriera militare, inducendo così il legislatore e la giurisprudenza a difendere la specificità dell'ordinamento militare. Si è radicata socialmente e culturalmente la convinzione che il genere maschile fosse autosufficiente nel raggiungimento degli scopi

---

8 quaderno donne e ricerca n. 5 forze armate.qxd (unito.it);

organizzativi e che le donne non solo fossero inutili ma, anzi, dannose alle attività dell'organizzazione stessa.

A queste forme di prepotere è corrisposta, da parte delle donne, una forma di autosegregazione, di autopreclusione verso le organizzazioni come le Forze armate, ritenute poco consone alle abilità, alla sensibilità femminile preferendo organizzazioni che ritenevano più consone alle caratteristiche e alle inclinazioni della propria entità femminile[9].

Con il D.Lgs. 31 gennaio 2000 n.24 vi è stata finalmente l'apertura delle Forze Armate italiane alle donne. Sempre dello stesso anno è la Risoluzione 1325 *"Donne, Pace e Sicurezza"* con la quale veniva riconosciuta esplicitamente l'importanza e la specificità del ruolo delle donne nella prevenzione e risoluzione dei conflitti, nei negoziati di pace, operazioni di pace e ricostruzione del conflitto. La Risoluzione riconosceva nello specifico il ruolo delle donne nei processi di pace e ne sollecitava il coinvolgimento, sia a livello locale che globale; ne sottolineava le speciali esigenze di protezione durante i conflitti e invocava il rispetto dei loro diritti; affermava la necessità di introdurre una formazione specifica per tutto il personale civile e militare impiegato nelle missioni di peacekeeping. L'impiego delle donne in queste operazioni da parte dell'ONU è avvenuto in concomitanza con un generale riassetto organizzativo delle Forze Armate, che ha previsto la piena integrazione femminile prevedendo stessi percorsi di selezione, reclutamento e carriera per uomini e donne.

L'ingresso delle donne nella fase iniziale è stato vissuto soprattutto come un problema da affrontare adeguando le strutture logistiche dell'organizzazione. Gli uomini hanno messo in atto una dinamica di "protezione" che ha generato una relazione tra i generi come quella tra protetto e protettore. Per cui se la donna così protetta si è sentita privilegiata, implicitamente ha avvertito una certa subordinazione rispetto all'altro genere che ha "concesso" la protezione.

Terminata la fase dell'ingresso, le donne stanno vivendo quella dell'adattamento. L'eliminazione delle "quote" e di qualsivoglia vincolo all'ingresso del personale femminile nei corpi militari ha definitivamente posto fine alla fase dell'emergenza. Ma, nonostante ciò, dati alla mano, dopo vent'anni dall'apertura alla carriera militare alle donne, la presenza della componente femminile nei diversi corpi delle forze armate italiane

---

9 *LIBRO_Donne in uniforme.indd (regione.toscana.it);

è ancora ridotto: una media del 5,7% del personale complessivo, con punte del 7,2% nell'esercito e appena il 4,4% nell'Aeronautica. Per quanto riguarda la Polizia di Stato la presenza delle donne è di circa il 15% del personale complessivo, mentre nell'Arma dei Carabinieri si scende al 4,6%.

Alla luce dei dati menzionati diverse ricerche hanno dimostrato che tanto più è ridotto il numero dei componenti di una minoranza all'interno di una organizzazione sociale tanto più quella minoranza è visibile. Questo vuol dire che fintanto che le donne rimarranno una entità numerica così ridotta, continueranno ad essere percepite sempre più come donne e sempre meno come militari. Tanto più le donne si percepiranno "mosche bianche" sempre meno riusciranno a fare "massa critica", ossia interpreti di alcun cambiamento "al femminile" all'interno dell'organizzazione.


## Il sessismo nella lingua italiana

Per secoli la lingua è stata diretta espressione del principio *androcentrico*, per cui intorno all'uomo si è organizzato l'universo linguistico. A dimostrazione di ciò basti pensare ad alcune espressioni arrivate fino a noi come "gli uomini della preistoria", "la storia dell'uomo", "i diritti dell'uomo".

Negli anni '60 e '70 negli Stati Uniti fu elaborata la nozione *linguistic sexism* nell'ambito degli studi sulla manifestazione della differenza sessuale nel linguaggio. In Italia nel 1987 rivoluzionario si rivelò il volumetto *Il sessismo nella lingua italiana* di Alma Sabatini pubblicato dalla Presidenza del Consiglio dei ministri. Divenne questa l'occasione per allargare il dibattito all'ambito sociolinguistico fino a estenderlo attraverso la stampa al grande pubblico. Scopo del testo era di ristabilire la "parità fra i sessi" attraverso il riconoscimento delle differenze di genere. Si scopre che il linguaggio ha un ruolo fondamentale nella costruzione della realtà e anche nella costruzione dell'identità maschile e femminile, ragion per cui è necessario che venga usato nel mondo non sessista e non privilegi più il genere maschile né tanto meno continui a tramandare pregiudizi negativi nei confronti delle donne. Si scopre che non sono poche le espressioni e i modi di dire attraverso i quali si connota un ruolo della donna al negativo: *"Chi dice donna, dice danno"*; donne oggetto accostate ad animali: *"Donne e buoi dei paesi tuoi"*; donne accostate negativamente a mezzi di trasporto: *"Donne e motori, gioie e dolori"*; donne considerate incapaci e pericolose nella guida: *"Donna al volante pericolo costante"*. Di una donna troppo appariscente si dice *"La donna troppo in vista, è di facile conquista"*; donne che vanno addomesticate dall'uomo: *"La donna e l'orto vogliono un solo padrone"*, in un gioco linguistico facile da memorizzare e da tramandare alle future generazioni.

Nelle *Raccomandazioni per un uso non sessista della lingua italiana* si segnalava tra le cose da evitare la concordanza al maschile di aggettivi o participi passati riferiti a uomini e donne: perché dire *"Anna, Giulia e Andrea non sono ancora arrivati"* e non *arrivate*? Oppure perché usare il ministro o il presidente anche per indicare una donna in carica? Proprio quest'ultima questione è tornata alla ribalta delle cronache a seguito della decisione di Giorgia Meloni di farsi chiamare *il presidente* giustificando la decisione nel solco delle libertà relative al genere[10].

Nella lingua italiana capita poi di imbattersi in una sorta di asimmetria semantica che attribuisce prestigio e autorevolezza ad alcuni termini maschili ma non al corrispettivo femminile. Succede allora che se dico "maestro" indico non solo l'insegnante di scuola primaria ma anche un'autorità o un determinato capo/guida spirituale, al femminile con "maestra" definisco solo ed esclusivamente l'insegnante di scuola elementare. Allo stesso modo "il governante" indica chi governa ed è alla guida di un paese, "la governante" indica una collaboratrice domestica. E l'elenco potrebbe continuare.


## Le bambine nelle fiabe


Per capire cosa sta succedendo alla donna oggi, è bene partire da quei modelli che hanno contribuito sin dall'infanzia a costruire l'immaginario

---

10 La critica avanzata al presidente del Consiglio ha riguardato l'uso dell'articolo maschile (il presidente) non per ogni aspetto della sua vita (riconoscendosi donna e cristiana), ma solo per la carica che ricopre, sottolineando in questo modo l'utilizzo del genere associato al potere. A molti è risultato emblematico che la prima donna a rivestire quel ruolo abbia deciso di rinunciare alla più radicale trasformazione dell'immaginario.

del genere femminile e di quello maschile. Un ruolo fondamentale nella crescita di ogni bambino/a lo hanno da sempre avuto le principali fiabe per l'infanzia. Due solitamente le figure ricorrenti: quella del Principe e della Principessa.

Ciò che è emerso da un'attenta analisi dei più importanti cartoni animati della Disney è che quasi sempre il titolo coincide con quella della protagonista (parola che deriva dal greco e che letteralmente vuol dire "primo lottatore/combattente"). Basta però andare indietro nella nostra memoria per ricordare che la principessa quasi mai è la combattente attiva artefice del proprio destino, e che per realizzarsi ha bisogno di dipendere da terzi, solitamente da un principe. Non solo, ma solitamente le eroine dei cartoni animati sono accomunate da sentimenti di lealtà, bellezza, bontà e gentilezza, anche se si dimostrano poco adeguate alla sopravvivenza. È il caso di *Biancaneve* (1937), dove la protagonista è bella, aggraziata, umile, servizievole e sempre sorridente mentre svolge i servigi da donna di casa. Rispecchia, cioè, tutte le caratteristiche che le donne dovevano possedere per poter essere considerate delle buone mogli. Un personaggio completamente passivo, dipendente sempre da qualcun altro. La fiaba ancora oggi riproposta dalla Disney viene mandata in onda sui principali network televisivi con ascolti sempre brillanti[11]. Che dire poi di *Cenerentola* (1950) che propone al pubblico dei più piccoli un personaggio umile, sottomesso e servizievole che sopporta passivamente le prepotenze della matrigna e delle sorellastre. Anche per Cenerentola, come per Biancaneve, il lieto fine dipende solo ed esclusivamente da un uomo.

Facendo un salto temporale e arrivando alle protagoniste delle serie animate dei giorni nostri, come Peppa Pig, notiamo come la serie britannica sembri discostarsi dai canoni tradizionali della rappresentazione di genere puntando su una visione della protagonista femminile dall'animo avventuroso e dal carattere deciso. Più tradizionale risulta, invece, l'ambientazione e il punto di vista estetico attraverso l'uso ricorrente di una serie di colori in una gamma che va dal rosa al rosso. Stessa tipo di tonalità che sembra accomunare le altre figure femminili come la mamma e la nonna della protagonista. Una stereotipizzazione formale che vede Peppa Pig indossare un vestito da principessa, interamente rosa, in contrasto con il costume da dinosauro del fratellino.

---

11 Il Natale è da favola: le fiabe Disney da record in tv – Il Tempo

E come se non bastasse la cameretta di Peppa e di George si traduce in una serie di stereotipi di genere: magliette rosa, bambole, orsacchiotti e libri, che fa dire alla voce narrante, «Non possono essere di George», al quale invece appartengono una palla, una barca e il pupazzo di un dinosauro[12].

Ad alimentare gli stereotipi ci pensa anche la pubblicità, quella di bambine fragili che amano le bambole e di bambini vivaci che prediligono le macchinine, di mamme che tengono in ordine la casa e di padri che, invece, vanno al lavoro, di donne in rosa e di uomini in blu. Una rappresentazione mediale di genere che può, dunque, esercitare forme di influenza persino in un'epoca come la nostra, in cui la sessualità e l'identità di genere sono divenuti sempre più liquidi.


## Stereotipi di genere in tv

Quello che succede in tv, si sa, provoca sempre un grande eco nell'opinione pubblica, soprattutto se accade sulle reti del Servizio Pubblico. La televisione pubblica, come da Contratto di servizio[13], è chiamata ad assicurare *"[...] nell'ambito dell'offerta complessiva, diffusa su qualsiasi piattaforma e con qualunque sistema di trasmissione, la più completa e plurale rappresentazione dei ruoli che le donne svolgono nella società, nonché la realizzazione di contenuti volti alla prevenzione e al contrasto della violenza in qualsiasi forma nei confronti delle donne[14]"*. Il Contratto di Servizio richiede, inoltre, alla Concessionaria di realizzare un monitoraggio che consenta di verificare sia *"la rappresentazione non stereotipata del ruolo della donna e della figura femminile nei diversi ambiti della società[15]"* e di *"promuovere, nella programmazione, il valore dei principi di non discriminazione e della parità tra gli uomini e le donne,*

---

12 The_Toon_Gaze_La_rappresentazione_del_femminile_ne.pdf

13 É un accordo tra il Governo, che rappresenta gli interessi dei cittadini, e l'azienda che si impegna a rispettarli.

14 (Art. 9. Parità di genere, comma 1);

15 (Art. 25 comma 1, lett. p) ii))

[...][16]"; sia di *"verificare il rispetto della parità di genere nella programmazione complessiva*[17] .

Il fatto di aver sottoscritto un Contratto di servizio obbliga a maggior ragione la Rai a un più attento controllo su ciò che viene mandato in onda. Ma questo non significa che la televisione pubblica sia immune da "scivoloni" riguardanti gli stereotipi di genere. Basti andare indietro di qualche anno e ricordare quello che succedeva in una puntata del programma *Parliamone Sabato* in onda su Raiuno nella fascia pomeridiana. Argomento di cui si dibatte in studio sono i sei motivi per cui un italiano dovrebbe scegliersi una fidanzata dell'Est[18]:

- Sono tutte mamme ma, dopo aver partorito *recuperano un fisico marmoreo;*
- Sono sempre sexy. Niente tute nè pigiamoni;
- Perdonano il tradimento;
- Sono disposte a far comandare l'uomo;
- Sono casalinghe perfette e fin da piccole imparano *i lavori di casa;*
- Non frignano, non si appiccicano e non mettono il *broncio;*

Un terribile elenco zeppo di stereotipi sulle donne dell'Est descritte come brave casalinghe, mamme avvenenti che rispettano il loro ruolo e sono disponibili a stare in ogni occasione curate e all'altezza delle aspettative fisiche del proprio compagno e in genere del maschio. L'esistenza stessa della donna è descritta in funzione del soggetto maschile, priva di una identità, oggetto esposto alla valutazione maschile e al suo volere. Una narrazione profondamente sessista che attira l'ira dei telespettatori che in poco tempo inondano di critiche la pagina Facebook del programma chiedendone la cancellazione dal palinsesto.

Cambio di canale, situazione simile. Durante la puntata del 24 novembre 2020 del programma *Detto Fatto*, in onda su Raidue nella fascia pomeridiana, va in onda un siparietto-tutorial dedicato al modo in cui una donna dovrebbe fare la spesa, una lezione, sottolinea la conduttrice, su come essere sensuali facendo la spesa e sedurre gli uomini al supermercato. Il siparietto si apre con la ballerina (nel ruolo di casalinga)

---

[16] (Art. 25 comma 1, lett. q) i);

[17] (Art. 9. Parità di genere, comma 2, lett. C);

18 Trasmissione sulle donne dell'Est, chiuso il programma della Perego (avvenire.it)

che spiega con l'aiuto di un carrello, quali movenze adottare (ginocchio teso in giro per le corsie), come comportarsi davanti ai prodotti che si trovano negli scaffali più alti, il tutto per "rendere più intrigante la situazione". Il tutorial da subito non piace ai telespettatori, tanto da diventare "virale" sui social network, con tanto di commenti che ne evidenziano la natura sessista e inadatta alla televisione di Stato. Di fronte alle numerose critiche, i vertici Rai sono costretti a prendere le distanze dal contenuto del programma sostenendo che quanto andato in onda nulla aveva a che fare con lo spirito del Servizio Pubblico e con la linea editoriale della Rai. Anche in questo caso viene valutata la chiusura del programma.

Se la Rai è tenuta a rispettare un Contratto di servizio, Mediaset, l'altro grande Network televisivo, risponde solo a una logica commerciale che spesso mal si concilia con l'attenzione per gli stereotipi di genere. Così accade di imbattersi in *Uomini e Donne* trasmissione che proprio per la sua collocazione nel palinsesto è molto seguita anche da bambini e adolescenti ancor privi di strumenti nel codificare e destrutturare immagini e stereotipi legati alle figure di uomini e donne presenti. Un talk show, in onda da oltre venticinque anni, che si porrebbe come obiettivo quello di permettere alla gente di confrontarsi sui sentimenti e di incontrare l'anima gemella. Ed è proprio tra urla e litigi che vengono trasmessi alcuni stereotipi di genere che vedono, solitamente, *le ragazze troppo dolci e ossessive*, e *i ragazzi più concentrati sull'aspetto fisico delle pretendenti che sui sentimenti*. Una esaltazione del corpo femminile alimentata dalle puntate dedicate alle sfilate delle donne, dagli abiti intriganti, valutate con tanto di palette, numeri e commenti da parte del parterre maschile.

Per concludere l'analisi sulla televisione sessista, un'attenzione particolare merita la trasmissione di prima serata di Italia 1 dal titolo *La pupa e il secchione*. Già nel titolo del programma è possibile ritrovare un chiaro riferimento all'immagine della donna intesa bella ma stupida, e all'uomo intelligente ma brutto. Gli argomenti affrontati poi nelle interrogazioni e nelle prove di vario tipo sono quelli che meglio si prestano ai doppi sensi (la fecondazione dei mammiferi, l'impollinazione, «mi dica il significato di introiettare»). Il programma è anche l'esaltazione della saga dell'ignoranza che dovrebbe indurre risate nel pubblico: lo sbarco sulla luna attribuito a Louis Armstrong, il Muro che divideva Berlino nord da Berlino sud ecc.

Alla luce dei casi esaminati, come non ammettere che certa tv possa contribuire ad un "modellamento" di genere?

## Orientamento e scelta professionale: quanto influisce il genere?

Se è vero che le ragazze studiano di più e ottengono spesso risultati migliori negli studi, è anche vero che, in media, dopo un anno dalla laurea faticano maggiormente a trovare lavoro e hanno stipendi più bassi rispetto ai colleghi maschi. In Europa, oltre il 30 per cento delle donne (contro l'8 per cento degli uomini) lavora nei settori dell'istruzione, della salute e dei servizi sociali, che sono tradizionalmente sottopagati rispetto al resto del mercato del lavoro. D'altra parte, circa un terzo degli uomini (e solo il 7 per cento delle donne) lavorano nei settori Stem (*Science, technology, engineering and mathematics*)[19]. Tale disparità sarebbe dovuta alla scelta del percorso di studio della scuola superiore da parte di ragazze e ragazzi. Una scelta dettata anche dai particolari risultati nelle discipline come matematica. Infatti, come si evince dalle indagini nazionali e internazionali sulle competenze, in media le ragazze hanno risultati migliori dei ragazzi in italiano e molto spesso ne hanno di peggiori in matematica[20].

Dall'analisi condotta da Il Sole 24Ore[21], selezionando le classi prime del 2020-21 e paragonandole alle classi quinte del 2015-2016, si nota poi che la scelta del liceo è passata dal 50% al 53%. Fra le ragazze, inoltre, due su tre oggi scelgono un liceo: al liceo classico sono il doppio dei ragazzi, al liceo linguistico il quadruplo dei maschi, al liceo delle scienze umane quasi il quintuplo. Solo per il liceo scientifico la tendenza si inverte: i

---

19 https://lavoce.info/archives/93709/la-scuola-superiore-e-una-scelta-di-genere/;

20 https://www.invalsiopen.it/gender-gap-matematica/;

21 Da Rold Cristina, Le ragazze continuano a non scegliere scuole superiori "scientifiche", Il Sole24Ore, 31 maggio 2022, https://www.infodata.ilsole24ore.com/2022/05/31/le-ragazze-continuano-a-non-scegliere-scuole-superiori-scientifiche/;

ragazzi superano le ragazze. Per il resto il genere maschile preferisce iscriversi agli istituti tecnici e professionali.

Cosa si può fare per accorciare questo divario? Sicuramente lavorare su comunicazione pubblica e linguaggio. Inoltre, è sempre più essenziale fare educazione nelle scuole fin dall'infanzia su alunni dato che, come emergerebbe da uno studio Usa[22], i bambini già a sei anni sarebbero influenzati nei loro giudizi e nelle loro scelte da stereotipi di genere sull'intelligenza. Le bambine di 6-7 anni, infatti, tenderebbero più spesso dei loro coetanei maschi ad associare l'essere molto smart all'altro genere. E a scegliere di conseguenza attività e interessi che influenzerebbero di fatto la libertà di scelta delle donne. É necessario poi formare i docenti in modo tale che quest'ultimi possano aiutare i loro alunni ad analizzare e decostruire gli stereotipi di genere che si respirano, anche inconsapevolmente, negli ambienti familiari.

## Le discriminazioni di genere nei libri di scuola

Le parole possono essere pietre se non utilizzate correttamente, trasmettono messaggi a volte subliminali altre volte più espliciti. Negli ultimi decenni è stata avviata una riflessione che ha sottolineato l'importanza dei modelli di identità e dei codici di comportamento trasmessi attraverso i testi scolastici. Alcuni/e studiosi/e hanno sottolineato l'importanza dei messaggi di genere veicolati da libri, fumetti, testi scolastici che raggiungono i soggetti in crescita e che sovente vengono proposti dalle figure adulte non sempre con l'adeguata consapevolezza.

I libri di scuola, medium estremamente importanti nel processo di socializzazione e di acculturazione di bambine/i e ragazzi/e, di costruzione dell'identità di ciascuno/a, di un mondo parallelo alla quotidianità, immaginario e simbolico, che per questo dovrebbero essere strumenti di ricerca e inclusione, risultano invece spesso pieni di stereotipi[23]. Capita così di imbattersi nel brano di G. Fanciulli (Giunti) in cui si racconta di un bambino e una bambina che nel bosco si ritrovano a

---

22https://www.repubblica.it/salute/2017/01/27/foto/stereotipi_di_genere_i_dati-157011227/1/;

23 differenze+di+genere+nei+libri+scolastici.pdf;

dover affrontare con paura la presenza dell'Uomo nero. Figura, quest'ultima, che riecheggia nella memoria di molti di noi e che ricorda la prima versione di una ninna nanna famosa:

Ninna nanna, ninna oh,
questo bimbo a chi lo do?
Lo darò alla Befana
Che lo tiene una settimana
Lo darò all'Uomo Nero
Che lo tiene un anno intero...


## Ricerca sui libri di testo

La ricerca è stata condotta su dieci libri di lettura (sussidiari dei linguaggi) per alunni di quarta e quinta della scuola primaria scritti quasi tutti da autrici e adottati nel decennio 2010-2020.
Sono stati presi in considerazione testi di varie case editrici quali *Ardea, Cetem, Erickson/Fabbri, Gaia Edizioni, Giunti, Il Capitello, Immedia, La Spiga, Mondadori, Raffaello.*
La ricerca ha riguardato sia l'analisi del numero dei protagonisti maschili e femminili presenti nelle singole letture sia il contesto (spazio chiuso/ spazio aperto) in cui erano collocati i due generi.

### *Analisi quantitativa*
- Frequenza di protagonisti maschili e femminili nelle storie;
- Contesti in cui sono collocati i due generi (con particolare riferimento alla dicotomia spazio chiuso/spazio aperto).


## Protagonisti maschili e femminili

Il primo obiettivo dell'analisi è stato rivolto alla verifica del numero di protagonisti dei due sessi. Il primo passo è stato quello di distinguere i soggetti esaminati in maschi e femmine. In modo particolare l'attenzione è stata rivolta al protagonista in quanto è proprio su questa

figura che i lettori e le lettrici (alunni e alunne) concentrano il loro interesse e pongono in essere una sorta di identificazione.
Dalla ricerca è emersa una prevalenza dei protagonisti maschili rispetto a quelli femminili. Non solo, ma spesso la presenza femminile, fortemente minoritaria, è menzionata in ruoli secondari subordinati a quelli maschili.

| *Casa editrice* | *Anno* | *Numero protagonisti maschio* | *Numero protagonisti femmina* |
| --- | --- | --- | --- |
| Ardea | 2016 | 46 | 27 |
| Cetem | 2015 | 28 | 16 |
| Erickson/Fabbri | 2020 | 32 | 20 |
| Gaia Edizioni | 2015 | 39 | 24 |
| Giunti | 2011 | 32 | 13 |
| Il Capitello | 2016 | 28 | 20 |
| Immedia | 2010 | 36 | 14 |
| La Spiga | 2015 | 31 | 25 |
| Mondadori | 2015 | 56 | 15 |
| Raffaello | 2019 | 51 | 24 |

Confrontando i risultati per case editrici, ciò che emerge è che in nessuno dei dieci testi esaminati vi è una perfetta parità di genere. In tutti i testi i protagonisti maschili superano quelli femminili. Vi sono poi case editrici in cui il divario tra presenza maschile e femminile è rilevante. Nel testo della Mondadori, così come in quello della Raffaello, i protagonisti maschili sono più che il doppio rispetto agli altri testi esaminati. Ciò significa che in media, per ogni bambina rappresentato vengono presentati due bambini, per ogni donna due uomini, ecc. È possibile quindi affermare che nei testi analizzati vi è, rispetto al ruolo di protagonista delle storie, un "oscuramento" della figura femminile a vantaggio di quella maschile.
Analizzando poi le varie tipologie testuali (narrativo e descrittivo), si notano differenze significative rispetto alla presenza     dei due sessi. I maschi prevalgono nel testo narrativo (soprattutto genere fantasy e avventura), mentre alle femmine è concessa una "maggiore" visibilità nei

racconti autobiografici (diario, lettere). I racconti mitologici e leggendari, invece, sono esclusivamente appannaggio dei protagonisti maschili.


## Il contesto in cui vengono collocati i due generi

Altro dato attenzionato nell'analisi quantitativa è stata l'ambientazione in cui venivano collocati i due generi. In particolare, sono stati esaminati gli spazi chiusi e gli spazi aperti. Dalla ricerca è emerso che comunque i maschi sono onnipresenti, visto che i protagonisti maschili sono numericamente maggiori di quelli femminili. Vi è poi in molti casi una relazione molto stretta tra il genere del protagonista e lo spazio in cui è ambientata la storia: al genere maschile vi corrispondono spazi aperti, mentre la donna è relegata a spazi chiusi. Al maschio è dato di muoversi liberamente nello spazio pubblico, alla donna le si attribuisce una dimensione più domestica e familiare.

*Analisi qualitativa*
- Ruoli professionali attribuiti a uomini e donne;
- Tratti psicologici e comportamentali attribuiti ai
  due generi;


## Professioni per maschi e femmine

L'analisi qualitativa ha riguardato innanzitutto le tipologie professionali attribuite agli uomini e alle donne all'interno dei testi.
La questione non è secondaria dal momento che studi condotti precedentemente[24] hanno rilevato come nei testi scolastici i ruoli professionali attribuiti agli uomini sono di gran lunga maggiori rispetto a quelli attribuiti alle donne.

---

[24] Pioniera è stata l'autrice Irene Biemmi, docente di Pedagogia Sociale all'Università di Firenze, con il libro *Educazione sessista. Stereotipi di genere nei libri elementari*, Rosenberg & Sellier, 2017.

Come si evince dalla seguente tabella anche in questa indagine è stato possibile rilevare che le tipologie lavorative attribuite al genere maschile sono superiori a quelle attribuite al genere femminile.

| Casa editrice | Ruoli per gli uomini | Ruoli per le femmine |
|---|---|---|
| Ardea | maestro, re, cavaliere, Capitano, pittore | insegnante, fata, strega, dama, maestra, portinaia, governante |
| Cetem | contadino, cacciatore, maestro, macchinista, scienziato | maestra, ostetrica, strega, principessa |
| Erickson/Fabbri | maestro, scultore, pittore, musicista, professore, Capitano, ciclista, | strega, cosmonauta, attivista, scienziata, maestra; |
| Gaia Edizioni | scrittore, calciatore, pittore, detective, ispettore, cavaliere, extraterrestre, soldato, condottiero, Capitano, regista, sceneggiatore, guida; | maestra, maga, pilota, illustratrice, strega, regina, archeologa, astronauta, atleta; |
| Giunti | insegnante, Capitano, scienziato, Capo religioso, illusionista, fotografo, direttore di giornale, impaginatore, corrispondente, inviato speciale, regista, scenografo, macchinista, fonico, costumista, ciacchista, prestigiatore, astronomo, commissario, ispettore, investigatore, meteorologo, giudice, atleta; | regina, sacerdotessa, scrittrice |
| Il Capitello | vicepreside, preside, professore, commissario, ispettore, console, fisico, scrittore, soldato, | baby-sitter, regina, principessa, maestra, schermitrice, aviatrice, astronauta, |
| Immedia | taglialegna, violinista, imperatore, calzolaio, pescatore, contadino, | strega, fata, maga, |
| La Spiga | maestro, attore, poliziotto, elettricista, professore, ispettore; | dirigente scolastico; |
| Mondadori | bibliotecario, maestro, marinaio, Capitano di vascello, boscaiolo, esploratore, alpinista, giornalista, vigile urbano, pastore, soprintendente, | principessa, maga, regina, strega, maestra, sindaca, |
| Raffaello | re, mago, centauro, ambasciatore, ispettore, preside, commissario, pittore, imperatore, soldato, scienziato, illustratore, ballerino; | maestra, professoressa, sergente, scrittrice, velocista, nuotatrice, scienziata, biologa, ambientalista, attrice, psicologa; |

Dai dati sopra menzionati emergono ben 63 professioni per i maschi (re, maestro, cavaliere, Capitano di una nave, pittore, contadino, cacciatore, macchinista, scienziato, scultore, musicista, professore, ciclista, calciatore, detective, ispettore, soldato, condottiero, regista, sceneggiatore, guida, astronomo, meteorologo, eroe, giudice, atleta, vicepreside, preside, Console, fisico, taglialegna, violinista, Imperatore, calzolaio, pescatore, attore, poliziotto, elettricista, bibliotecario, marinaio, boscaiolo, esploratore, impaginatore, alpinista, giornalista, vigile urbano, soprintendente, mago, ambasciatore, illustratore, ballerino, illusionista, prestigiatore, fotografo, direttore di giornale, inviato speciale, corrispondente, regista, scenografo, macchinista, fonico, costumista, ciacchista) mentre per le donne solo 29 (insegnante, fata, strega, dama, portinaia, governante, ostetrica, principessa, cosmonauta, attivista politica, scienziata, pilota, illustratrice, regina, archeologa, astronauta, atleta, baby-sitter, schermitrice, aviatrice, dirigente scolastica, sergente, scrittrice, velocista, nuotatrice, biologa, attrice, psicologa). Tra le professioni maschili quelle più gettonate sono il maestro (4 casi), il professore/insegnante (4 casi); mentre per le donne sono maestra (7 casi), e strega (6 casi).

Si tratta di testi, quelli esaminati, che non forniscono evidentemente pari opportunità ai nostri alunni e alunne. Se i maschi possono contare su una maggiore varietà di professioni su cui proiettare i propri sogni, per le femmine le professioni più attraenti risultano quelle di scienziata, scrittrice, piuttosto che quella di psicologa.


## *Appellativi per maschi e femmine*

Nei testi analizzati è possibile imbattersi in soprannomi o espressioni colorite all'interno dei quali si possono leggere stereotipi di genere. Per le femmine espressioni quali *amor di vecchietta, zitellona, capricciosetta, creatura d'acqua dolce, amica per la pelle, signorina, l'amica più cara;* per i maschi: *bullo, combinaguai, grassoccio, giovanotto, occhietti azzurrini, dentoni, ragazzino, diavoletto, burbero benefico, ometto, salame.*
Entrando più nello specifico, dall'indagine è emerso che ai soggetti maschi vengono attribuiti aggettivi come *burbero, audace, valoroso, coraggioso, serio, ambizioso, autoritario, duro, bruto, imprudente, forte, veloce, agile, difficile.* La femmina viene qualificata come: *antipatica, pettegola, invidiosa, vanitosa, smorfiosa, affettuosa, apprensiva, premurosa, buona, paziente, servizievole, dolce, carina, timida.* Ed è così che nel brano di L.M. Alcott della Raffaello la descrizione delle quattro sorelle è ricondotta a due modelli: da una parte quella "sdraiata in modo scomposto", "avida lettrice", considerata dalla famiglia "un vero

maschiaccio", e dall'altra le sorelle dall'aspetto grazioso e dai modi eleganti.

È evidente anche a un non esperto che tali stereotipi presentati in modo acritico sui nostri bambini possono impattare negativamente. Ma non solo, se le bambine sono incasellate nei pochi ruoli e atteggiamenti che nulla hanno a che vedere con la realtà che le circonda, anche i maschi vengono relegati a loro volta in un immaginario che li vuole perfetti e brutali, se necessario.

Costruito un sì fatto identikit di donne sarà poi difficile per gli uomini relazionarsi con un modello femminile diverso da quello che esiste nella loro mente.


## Polite

È possibile educare bambine e bambini liberi da stereotipi e condizionamenti di genere? È possibile fare della scuola, attraverso un'attenta analisi e scelta dei libri di testo da parte delle/dei docenti, un laboratorio di parità?

Per promuovere la parità di genere nei libri di testo, dal 1998 anche in Italia è stato adottato POLITE (*Pari Opportunità nei Libri di Testo*), un progetto europeo di autoregolamentazione per l'editoria scolastica. Il progetto sostenuto anche dagli editori italiani associati all'AIE, si propone di pubblicare testi scolastici con alcune fondamentali caratteristiche: evitare sessismo e stereotipi sessuali, fornire rappresentazioni equilibrate delle differenze, promuovere la formazione a una cultura della differenza di genere, ripensare il linguaggio. Scopo del progetto, dunque, è quello di promuovere una riflessione culturale, didattica e editoriale il cui esito sia quello di ripensare i libri di testo in modo tale che uomini e donne, protagonisti della cultura, della scienza, della storia e della politica siano presenti sui libri di testo senza discriminazioni di sesso. Più in generale, dando voce ad autrici ed autori, in modo che l'immagine di donne e uomini sia trattata in modo equilibrato nei libri di studio e che attraverso il pluralismo culturale le case editrici contribuiscano progressivamente a consolidare il valore delle differenze e della loro inclusione apponendo un "bollino di qualità".

Quello che però effettivamente emerge da ricerche precedenti è che i libri di testo non solo non garantiscono la parità di genere dal punto di vista qualitativo ma che proprio molti di quelli presi in esame arrecavano tale "certificazione". Ciò induce a riflettere sul fatto che la sol presenza del bollino non è indice di garanzia del rispetto della parità di genere perché a differenza di ciò che succede in altri paesi, come la Francia, in Italia non esiste alcun controllo o supervisione da parte di un ente terzo sui libri di testo.

## Gli stereotipi (di genere) sono duri a morire

L'adolescenza è una tappa fondamentale della maturazione psicosociale di ciascun individuo, a cui contribuisce la relazione complessa con l'ambiente sociale e familiare. Un rapporto fatto, spesso, di conflittualità attraverso la quale l'adolescente prova a esprimere un progetto originale di sé. Ed è proprio nell'affermazione di sé che le adolescenti femmine trovano maggiori ostacoli rispetto ai coetanei maschi. Le ragazze sono chiamate a scontrarsi con il prototipo della cura degli altri, espresso nella maternità e nella progettualità del futuro ruolo sociale di donne adulte. A differenza del maschio che non ha ostacoli sociali o psicologici, nel processo di autonomia la femmina trova freni non solo concreti ma anche ideologici e culturali. È in tale complessità di rapporto tra dipendenza e autonomia tramandato da una generazione all'altra, da madre a figlia, che l'adolescente prima e la donna dopo genera un'altra sé stessa. Come negare che la cura delle madri verso le figlie femmine sia diversa da quella verso i figli maschi? In effetti da subito le bambine vengono educate ad essere autonome. Un' autonomia che si dimostra però meno come diritto individuale e più come addestramento all'assunzione di responsabilità verso gli altri. Per questo le bambine già dall'infanzia imparano prima dei maschi ad avere cura di sé, e nell'adolescenza sono riconosciute più capaci dei loro coetanei nello svolgere compiti e prestazioni familiari sia in ambito scolastico che sociale. È verso la cura per gli altri membri del nucleo familiare, l'accudimento delle persone e della organizzazione della vita quotidiana che le donne devono fare i conti in tutte le fasi della loro vita.

Attraverso una ricerca condotta durante il corso del 2019 su un campione di 3.273 studenti e studentesse italiane frequentanti le scuole superiori sul territorio nazionale, è emerso come gli stereotipi sono duri a morire. Agli adolescenti, infatti, è stato chiesto di esprimere il proprio livello di accordo su alcune affermazioni riguardanti il rapporto tra uomini e donne. É emerso che quattro adolescenti su 10 e il 25% delle studentesse intervistate ancora ritengono che debba essere l'uomo a mantenere la famiglia; un maschio su quattro che l'uomo debba comandare in casa. Per quanto riguarda il tradimento vi è una lettura di genere per cui un maschio su cinque pensa che il tradimento femminile sia più grave di quello maschile[25].

I dati menzionati non solo dimostrano che tra gli adolescenti sono ancora marcati gli stereotipi di genere ma che quest'ultimi godono a tutt'oggi di un diffuso consenso non soltanto nei più giovani ma anche nello stesso universo femminile.


## Una società violenta

La società del terzo millennio è caratterizzata da una marcata difficoltà nel tollerare la frustrazione, nell'accettare ciò che non ci piace, ciò che mette in discussione la nostra autostima e ci impedisce una piena realizzazione personale. Ciò ancor di più nelle relazioni interpersonali dove la competizione si fa sempre più «accesa e la sconfitta, non solo è difficile da accettare, ma spesso non è neppure contemplata. Fallimenti e ostacoli vengono vissuti come drammi o negati. L'incapacità di tollerare o superare gli abbandoni sfocia in violenze psicologiche, che si manifestano in diversi contesti: ambiente di lavoro, gruppo dei pari, relazione amorosa, dove l'oggetto della persecuzione diviene colui che rifiuta, lascia o comunque "nega" la felicità.

Sentimenti di stupore, sdegno e rabbia accompagnano gli spettatori per l'ennesimo caso di violenza perpetrato da uomini contro le donne. Dopo l'indignazione qualcuno comincia a interrogarsi sul perché di tanta violenza, che nella maggior parte dei casi genera vittime (madri, mogli, ex mogli, amanti, figlie, tutto si declina al femminile), per mano di

---

25 Adolescenti: gli stereotipi di genere sono duri a morire | Consiglio Nazionale delle Ricerche (cnr.it);

mariti, amanti, ex mariti, fidanzati ed ex (il carnefice quasi sempre si declina al maschile). Una violenza quella verso il genere femminile che ha radici lontane, «da periodi storici in cui le donne tacevano, vivevano nell'ignoranza; erano considerate mammifere atte solo a fare figli e a soddisfare i bisogni sessuali degli uomini». Epoche in cui «alle donne si addicevano il silenzio e la pudicizia, non dovevano parlare in pubblico e moderatamente nel privato[26]».

## L'emancipazione femminile

È solo a partire dalla seconda metà del Novecento che riprende vigore la "rivoluzione femminista". Industrializzazione crescente e inurbamento modificano i modi di vivere e sconvolgono la tradizionale divisione del lavoro; sviluppo scientifico e tecnologico consentono migliori condizioni di salute e aspettative di vita. In un contesto di pace e prosperità le istanze libertarie del '68 hanno maggior presa nella società post bellica: dalla messa in discussione dell'autoritarismo nei rapporti sociali alla diffusione degli elettrodomestici che diminuiscono la fatica del lavoro domestico, alla pillola anticoncezionale che libera le donne dalle gravidanze non volute.
Si avvia un cammino irto di difficoltà e resistenze segnate da molte lotte politiche e sindacali e da molte battaglie femministe che mirano alla "liberazione" della donna, ad affermare un'identità femminile non subordinata né assimilata a quella maschile, al riconoscimento e alla valorizzazione delle differenze di cui uomini e donne sono portatori.
La svolta avviene in Italia negli anni '70 con la legge sul divorzio (1970) e la Riforma del diritto di famiglia (1975) con cui viene eliminata la patria potestà che attribuisce al marito tutte le scelte e le decisioni familiari, dall'educazione dei figli al luogo di residenza; la legge sull'aborto (1978) e solo nel 1981 l'abrogazione del delitto d'onore e il matrimonio riparatore. Bisognerà attendere il 1996 perché la violenza sessuale diventi un delitto contro la persona e non "contro la moralità pubblica".

[26] Ulivieri Simonetta, *Corpi violati*, FrancoAngeli, 2014, p.118

# Machismo vs femminismo

Al «femminismo», la grande battaglia che le donne hanno condotto nel Novecento per rivendicare dal mondo maschile libertà, diritti e pari dignità nella società, non ha corrisposto un «maschismo», capace di affrontare il tema dell'essere uomini. Il genere maschile, piuttosto, ha preferito celarsi dietro la corazza del "macho", nascondendo vuoti, lacune culturali e pensando di vivere i conflitti con le donne sulla base di un rapporto di dominio e subalternità del ruolo femminile. Una radicale confusione tra l'essere virile e l'essere macho, quest'ultimo inteso come insieme di credenze, atteggiamenti e azioni che hanno la funzione di conservare un rapporto di superiorità degli uomini nei confronti delle donne. Per il machista l'essere uomo si dimostra disprezzando le donne, squalificandole, tentando di denigrarle e dimostrando la loro inadeguatezza in ogni campo. Il machista è colui che tenta di respingere da se stesso e dagli altri uomini tutto ciò che è femmineo considerato solo nella misura in cui è associato a una donna. Ecco perché spesso machismo e omofobia vanno di pari passo. Ecco, dunque, il disagio maschile che reclama la definizione di una nuova identità e sessualità. È per questo che fidanzati, mariti, amanti non vogliono essere lasciati dalla "loro" donna: sono atterriti dall'idea che il rifiuto femminile al proseguimento di una relazione, metta in crisi la loro stessa identità di maschi virili e vincenti. Un atteggiamento e un pensiero che riguarda molti uomini e che va al di là dello status sociale: analfabeti, operai in cassa integrazione, piuttosto che imprenditori, giornalisti, magistrati o tutori dell'ordine. Errore è pensare che il femminicidio riguardi solo le classi più povere e deprivate, in realtà attraversa tutte le classi, anche quelle benestanti.

Uomini portatori di veri e propri pregiudizi nei confronti del genere femminile. Sicuramente ritengono, perché così gli è stato insegnato, che la donna non si appartenga completamente. Come regolato dal diritto romano e presente in molte comunità greche, la donna era del padre che con il matrimonio passava nelle mani del marito. Oggi, usando un linguaggio mafioso, potremmo dire che l'uomo pensa che la donna sia «cosa loro».

# La donna per i Padri della Chiesa e filosofi

La donna, pensano spesso gli uomini, trova la sua piena realizzazione nella pazienza e nella mansuetudine. Connotazione, quest'ultima più recente, a cui hanno contribuito le dottrine cristiane: pensiamo alla donna che unge i piedi di Gesù, o alla figura di Anna che rappresenta l'amore sponsale, la donna che aiuta l'uomo a non confondersi, a non sentirsi una piccola creatura; alla figura della Vergine, acclamata «angelo della casa», «riposo del guerriero», a cui tutte le donne devono guardare, come modello di donna e madre per eccellenza, capace di «serbare tutte quelle cose nel suo cuore» e non sicuramente di ribellarsi a ciò che le accade. Non solo, ma alcuni Padri della Chiesa hanno le idee "ben chiare" a proposito della donna. Sant'Agostino scrive che la donna deve essere sottomessa per ragioni sessuali e corporali[27]; gli fa eco San Tommaso: «È una specie di uomo mutilato, fallito e mal riuscito, la piena realizzazione della specie umana è costituita solo dall'uomo». San Giovanni Crisostomo, Dottore della Chiesa, afferma: «La donna è un essere inferiore, che non fu creato da Dio a Sua immagine. Secondo l'ordine naturale, le donne devono servire gli uomini». Bisogna inoltre tener presente che nel pensiero del Cristianesimo predomina il genere maschile: Dio padre è un uomo che genera Adamo prima di Eva, colpevole a sua volta di aver trascinato nel peccato Adamo, della cacciata dal paradiso e dunque della tragedia per cui l'umanità conosce il dolore e la morte. Un Dio che si incarna in un figlio maschio, che sceglie dodici apostoli tutti uomini. Per San Paolo[28] poi non solo le donne non possono parlare in pubblico e nelle assemblee ma: «Come la chiesa è sottomessa a

---

27 https://www.ilfoglio.it/libri/2016/10/28/news/contro-le-donne-105927/;

28 "Non concedo a nessuna donna di insegnare, né di dettare legge all'uomo; piuttosto se ne stia in atteggiamento tranquillo. Perché prima è stato formato Adamo e poi Eva, e non fu Adamo ad essere ingannato, ma fu la donna che, ingannata, si rese colpevole di trasgressione. Essa potrà essere salvata partorendo figli, a condizione di perseverare nella fede, nella carità e nella santificazione, con modestia" (Timoteo, 2, 12).
"Non l'uomo deriva dalla donna, ma la donna dall'uomo, né l'uomo fu creato per la donna, ma la donna per l'uomo" (1 Corinzi, 11, 8)
"Le mogli siano sottomesse ai mariti come al Signore; il marito infatti è capo della moglie, come anche Cristo è capo della Chiesa, lui che è il salvatore del suo corpo. E come la Chiesa sta sottomessa a Cristo, così anche le mogli siano soggette ai loro mariti in tutto" (Efesini, 5, 22).

Cristo, così anche le mogli ai mariti, in tutto».[29] Riferimento biblico ripreso nel 1891 da Papa Leone XIII nella *Rerum Novarum*, enciclica con la quale per la prima volta la Chiesa prendeva posizione sulle questioni sociali e in cui si dichiarava che «certe specie di lavoro non si confanno alle donne, fatte da natura per i lavori domestici, i quali grandemente proteggono l'onestà del sesso debole (...)».

Nell'ambito filosofico è Platone, uno dei pilastri della filosofia greca, a definire le donne una reincarnazione degli "uomini inferiori" e a ritenere il gentil sesso assai poco attive in molteplici ambiti, da quello erotico alla sfera sociale, a cui si sottraevano volentieri a differenza del socievole sesso forte. Per Aristotele le donne non sono altro che «materia fecondabile» e i maschi «portatori del principio del movimento e della generazione» destinato ai «ricettori passivi e impotenti del loro seme», ovvero alle mogli e compagne. Secondo Agostino da Ippona mentre l'uomo è votato a «ciò che è elevato e al coraggio», la donna è condizionata da pavidità. Facendo un salto temporale e arrivando all'epoca Moderna, Macchiavelli paragona la Fortuna a una donna, affermando che «È necessario, volendola tenere sotto, batterla e urtarla». Per Spinoza le "foeminae" (non solo le donne come mogli, figura istituzionale, ma le femmine in una accezione più biologica), sono sotto la potestà degli uomini non per legge "instituto", ma "id factum est", ossia per una constatazione inoppugnabile. Per Montaigne: «una donna è già abbastanza istruita quando sa distinguere tra la camicia e la giubba di suo marito». Pregiudizi contro il genere femminile che si sono affermati fino al Novecento, tanto da far dire al medico e psicoanalista Alexander Lowen che la differenza tra uomo e donna rispetto alla sessualità risiede per il primo nella sua veste di seduttore, e da compatire la seconda in quanto sedotta e perciò battuta. Ed è proprio come «oggetto sessuale» che rivela il suo «essere inferiore», mentre è come madre devota e che si sacrifica che può aspirare a un'immagine di superiorità.

---

[29] Tulli F., Chiesa e pedofilia, il caso italiano, (in) Prefazione di Maria Gabriella Gatti p. XXIV, L'Asino d'oro edizioni, 2014

# Il corpo delle donne: immagine di bellezza e stereotipi

Lungo il corso dei secoli la raffigurazione della bellezza si è posta come scopo di mostrare l'armonia del simbolismo cristiano lasciandosi alle spalle la concezione di bellezza come proporzione e armonia, in senso classico. A una bellezza fatta di equilibrio delle parti, se n'è contrapposta una sovrasensibile, come Bellezza divina da contemplare nella natura.

È nel Medioevo, che tra sacro e profano, si celebra pubblicamente la mansuetudine mista a franca sensualità: ecco spiegato il proliferare delle tante sculture della Vergine con il bambino in braccio dal corsetto serrato che trattiene pudicamente il seno, così come vuole l'idea di bellezza dell'epoca.

Con il Rinascimento l'attenzione per il femminile si concentra sul suo viso (la chioma tinta di biondo), mentre attraverso l'arte orafa ne viene esaltata la fisicità.

Nel Seicento poi mutano i costumi e anche l'immagine femminile: nell'arte vi è il trionfo della donna vestita, massaia, educatrice, priva cioè dei tratti passionali.

Con l'avvento del Manierismo, la Bellezza diviene più spirituale e fantastica, e meno classica. Ai criteri oggettivi del classicismo si sostituiscono quelli più soggettivi e indefiniti dell'osservatore. È l'epoca delle dame barocche, donne meno sensuali ma più libere nei costumi, prive di corsetto soffocante e con capelli fluttuanti.

Con l'Art Nouveau, che in Italia prende il nome di Liberty, il corpo femminile è rappresentato con curve morbide e asimmetriche, abbandonando proporzioni e canoni classici e facendosi più sensuale.

Si arriva agli anni Venti e Trenta del Novecento quando in Italia l'ideale di donna è quello fascista, non più artificiosamente dimagrita e mascolinizzata, bensì fisicamente sana per diventare madre di figli sani.

Dal futurismo al cubismo, dall'espressionismo al surrealismo, l'immagine della donna è teatro di una lotta drammatica tra la Bellezza della provocazione e la Bellezza del consumo.

Con l'avvento della televisione, il corpo femminile diviene strumento principale della pubblicità e grazie al boom economico entra prepotentemente nelle case degli italiani. La massaia diviene l'oggetto economico prevalente delle attenzioni del marketing e della pubblicità, immaginando infatti che sia lei a determinare qualità, quantità e marca.

È attraverso la pubblicità che si consolida lo stereotipo della donna *Regina della casa*, della donna-moglie, il cui dovere etico è perseguire "il bianco nel bucato" piuttosto che "il pulito della casa", bene supremo da corrispondere all'affetto dei familiari e viatico della felicità coniugale. La pubblicità si fa veicolo di costruzione dell'archetipo femminile basato su matrimonio, maternità, cura della sfera domestica che fanno del genere femminile una "buona donna".

In seguito alle rivendicazioni femministe degli anni Sessanta e Settanta del Novecento, la rappresentazione di genere nella pubblicità, fiction, intrattenimento e informazione, è cambiata. Nuove costruzioni della femminilità e della maschilità stanno prendendo il posto delle vecchie concezioni di stampo tradizionalista[30]. Modelli che non forniscono più indicazioni univoche al pubblico, bensì molteplici e al loro interno contrastanti, in modo da avviare riflessioni sull'identità di genere e scelte di vita soggettive.

---

[30] Capecchi S., Ruspini E., *Media, corpi, sessualità. Dai corpi esibiti al cybersex*, FrancoAngeli, 2009

*Parte seconda*

# VIOLENZA DI GENERE E FEMMINICIDI

## *Termine e definizione di femminicidio.*

La più antica citazione del termine femminicidio (*femicide*) la si ritrova, con molta probabilità, nei primi anni del XIX secolo in Inghilterra e stava a indicare l'uccisione di una donna in contrapposizione al termine *homicide,* l'uccisione di un essere di sesso maschile. Mentre nei paesi come il nostro la letteratura sociologica e le ricerche criminologiche si soffermavano sull'omicidio in generale.

La prima citazione, nella sua accezione moderna, come uccisione di una donna da parte di uomo per motivi di odio, disprezzo, piacere o senso di possesso delle donne, è invece degli anni Novanta del XX secolo, ad opera di una docente femminista di Studi culturali americani, Jane Caputi, e della criminologa Diana Russell, in un libro scritto insieme a Jill Radford nel 1992[31]. Nell'opera per femminicidio si intendeva una categoria criminologa vera e propria, una vera violenza con espressione di pratiche misogine.

In Italia si deve a Barbara Spinelli la prima pubblicazione riguardante la tematica del femminicidio, in un saggio dal titolo *"Il femminicidio[32]"* del 2008, con cui si definisce «la natura sessuata degli attentati compiuti dagli uomini alla vita, alla salute e integrità psico-fisica delle donne».

Marcela Lagarde, teorica del termine femminicidio, lo definisce come «la forma estrema di violenza di genere contro le donne, prodotto dalla violazione dei suoi diritti umani in ambito pubblico e privato, attraverso varie condotte misogine - maltrattamenti, violenza fisica, psicologica, sessuale, educativa, sul lavoro, economica, patrimoniale, familiare, comunitaria, istituzionale - che comportano l'impunità tanto a livello sociale quanto dallo Stato e che ponendo la donna in una posizione indifesa e di rischio, possono culminare con l'uccisione o il tentativo di uccisione delle donne stesse, o in altre forme di morte violenta delle donne e bambine: suicidi, incidenti, morti, o sofferenze fisiche e

---

[31] Radford J., Russel D., *Femicide: the Politics of Woman Killing,* New York, NY Twe Publishes and Buckingham, England, Open University Press, 1992.

[32] Spinelli Barbara, *"Femminicidio. Dalla denuncia sociale al riconoscimento giuridico internazionale"* Franco Angeli Milano 2008

psichiche comunque evitabili, dovute all'insicurezza, al disinteresse delle istituzioni e alla esclusione dello sviluppo e della democrazia[33]».

Per l'Accademia della Crusca è femminicidio "qualsiasi forma di violenza esercitata sistematicamente sulle donne in nome di una sovrastruttura ideologica di matrice patriarcale", allo scopo di "perpetuarne la subordinazione della donna e di annientarne l'identità attraverso l'assoggettamento fisico o psicologico, fino alla schiavitù o alla morte[34]".

Anche le Nazioni Unite hanno adottato una definizione specifica, ripresa successivamente anche dalla Comunità europea, per individuare il fenomeno:

la violenza contro le donne è la manifestazione di una disparità storica nei rapporti di forza tra uomo e donna, che ha portato al dominio dell'uomo sulle donne e alla discriminazione contro di loro, e ha impedito un vero progresso nella condizione delle donne.


## La violenza di genere

Nella nostra società caratterizzata da un alto tasso di violenza, in tutte le sue espressioni, linguistica e fisica, quella sulla donna e sui «diversi», assume una connotazione di genere[35] che si spinge fino all'omicidio.

Il sociologo Marzio Barbagli ha rilevato che in realtà non è che oggi siano uccise più donne rispetto a una volta. Ciò che è mutato, però, è «la percezione della gravità del fenomeno». Ossia se un secolo fa non faceva notizia la violenza e l'uccisione delle donne, né penalmente era rilevante, oggi giorno «l'omicidio di una donna massacrata in quanto donna ci sembra più insopportabile[36]». E allora viene da chiedersi, quali elementi abbiano determinato un cambiamento di percezione visti i così tanti fatti di cronaca che ogni giorno riempiono giornali e telegiornali. Innanzitutto, bisogna partire da un dato culturalmente rilevante: le

---

[33] Femicidio-feminicidio-un-nome-e-una-voce-alla-violenza-contro-le-donne-Cretella.pdf (fondazionefabretti.it);

[34] https://www.avvenire.it/attualita/pagine/femminicidi-numeri-italia-mese;

[35] Numero monografico della rivista "Pedagogia oggi", n.2, 2013, dal titolo Violenze visibili e invisibili, http://www.spied.it/rivista-pedagogia-oggi/anno-2013/;

[36] Gianni Antonio Stella, *Uomini che uccidono le donne*, Corriere della Sera, 2015

donne per secoli sono venute a patto col potere maschile incassando sconfitte, mediando, accettando o configgendo con quel potere, e molte ci si sono alleate o si sono arrese. Hanno coltivato l'attitudine a confrontarsi quotidianamente con sofferenza e frustrazioni, imparando a morire interiormente e a rinascere, creando per se stesse, nelle situazioni più disparate, vite parallele, reali o immaginarie. Gli uomini, invece? Non vi è traccia nella letteratura e nella società di un simile percorso di messa in discussione, anzi quello che emerge è che agli uomini manchino gli strumenti culturali per esercitarsi nel conflitto con le donne. Uomini poco e per nulla educati al confronto con l'altro genere, più propensi allo scontro, ad avere l'ultima parola.

In questi termini «la violenza sulle donne» nasce da «un'antica scissione uomo-donna, che si instaura e si diffonde sulla logica disgiuntiva alla base delle separazioni natura-cultura, mente-corpo, ragione-affettività, logica-immaginazione, che ha legittimato il dominio di una parte dell'umanità sull'altra[37]». Dominio spesso travestito dalla gelosia, il sentimento più equivoco e male interpretato di tutta la scala dei sentimenti. Dalla gelosia al possesso il passo è breve: una volta sposata, pensa lui, lei dovrà abbandonare il lavoro per dedicarsi solo alla casa e alla famiglia[38]. Ci penserà lui a non farle mancare niente, a lasciarla comoda e sicura nel suo nido. Anche se lei è fisico nucleare o docente universitaria, il suo primo dovere, la sua missione è di scartare il programma per il quale si è preparata e ha studiato per molti anni, per occuparsi della casa e degli eventuali figli. Gelosia-possesso e le prime violenze, fisiche e/o psicologiche, a ribadire la sottomissione della donna. Dopo le prime violenze, gli uomini spesso ripetono la fatidica frase: «non succederà più», che porta molte donne a non denunciarli da subito[39].

---

[37] Cagnolati, Minerva, Ulivieri, *Le frontiere del corpo. Mutamenti e metamorfosi*, Edizioni Ets, 2013, p.10

[38] Malizia Nicola, *Il Femminicidio in Italia*, Giappichelli Editore, Torino, 2015, p.70

[39] A.A.V.V., *Nessuna più*, in Prefazione di Roberta Bruzzone, Elliot Edizioni, 2013

## *Le dinamiche psicologiche nel rapporto vittima-carnefice*

Donne che subiscono tutto in silenzio e in solitudine; magari rassegnate a quella vita, con la paura di parlarne o prive di fiducia verso gli altri. Donne sottomesse e incapaci di denunciare i loro uomini violenti. É quella che in psicologia viene denominata *Domestic Stockholm Syndrome* (DSS), in cui la persona vittima di una restrizione della libertà con minaccia alla sopravvivenza fisica o psicologica sperimenta una forma di legame emotivo e di sentimenti positivi verso l'abusante. Tale legame (traumatico) di dipendenza della vittima con l'aggressore ha lo scopo inconsapevole di garantire la sopravvivenza psicologica e fisica alla vittima, consentendole di trovare delle strategie per sopravvivere emotivamente, concentrandosi quindi sugli aspetti "buoni" dell'aggressore invece che sulla brutalità, e controllare l'ambiente in modo da evitare almeno le violenze più gravi. Da parte sua l'aggressore crea un ambiente controllante per la vittima che, al fine di proteggere sé e gli altri, "sceglie" di rimanere con l'abusante. È definita, invece, Battered Woman Syndrom (Sindrome della donna maltrattata) quella serie di sintomi psicologici e comportamentali dovuti a una prolungata relazione con l'abusante. Sintomi che impediscono alla vittima (la donna) di lasciare il partner abusante, conducendola ad essere passiva, remissiva, depressa e paralizzata psicologicamente.

La violenza espressa, dunque, in tutte le sue forme: dapprima psicologica, tesa a far decadere ogni forma di autostima, a paralizzare le azioni delle donne, a renderle insicure, pavide, infelici[40]; che spesso si associa a quella economica, donne costrette ad essere dipendenti dall'uomo violento, che prima del matrimonio aveva chiesto alla ragazza di abbandonare il proprio lavoro in nome dell'amore verso di lui e i suoi figli, poi costrette a vivere di "elemosina" concessa da lui; che sfocia più delle volte nella violenza fisica sulle medesime, che con occhiali da sole nascondono occhi pesti e gonfi, con lividi sulle braccia e ustioni sul corpo, donne ancor più ferite a morte durante la gravidanza, picchiate soprattutto sulla pancia. Una violenza che spesso si consuma nel silenzio e nell'indifferenza. Donne vittime di povertà e prostituzione organizzata, prima ancora della furia omicida di serial killer.

---

40 Dal Pozzo Giuliana, *Così fragile, così violento*, Editori Riuniti, 2000, pp. 31-35

Una vera e propria «guerra di genere», una guerra impari, a senso unico, verso le donne che a volte non si rendono conto che la relazione con l'uomo-maschio è già in partenza malata. Guerra che ha come «obiettivo immediato» quello di annientare, ridurre al silenzio, la donna che ha osato alzare la testa, che ha detto no, che ha scelto di lasciare il suo compagno o che si è rivolta al giudice per chiedere la separazione, e un obiettivo strategico, di «impedire alle donne di essere libere, di scegliere, di vivere, di amare[41]».

L'epilogo di tanta violenza è in quelle vittime ammazzate: giovanissime e anziane, poco vistose o bellissime, povere o benestanti, remissive o toste, orgogliose o rinunciatarie, una diversa dall'altra.

L'uomo sostiene che uccide per non perdere la sua donna, in quanto non riesce ad accettare che essa possa amare altri. Donne come oggetto di cui appropriarsi. Ancor più terrificante è la risposta dell'assassino al perché di così tanta violenza: «l'ho uccisa perché l'amavo troppo[42]». Uccisione-amore, un ossimoro, una giustificazione che il carnefice rivolge alla società, ma in primis a se stesso. Spesso si sente parlare di «delitto d'amore», «amante incompreso», «passione impazzita», non avendone il coraggio di chiamare queste azioni per quello che sono: omicidi. Omicidi che avvengono in maniera premeditata e lucida quando gli uomini non hanno più la capacità di controllo. Una lucidità espressa dall'annuncio che spesso lo stesso assassino fa attraverso i social o gruppi WhatsApp nel quale scandisce i suoi passi e codifica un modus operandi, senza rivelare particolari che avrebbero potuto fermarlo nel suo intento suicida.

Gli avvocati degli uxoricidi cercano spesso di appellarsi alla seminfermità mentale. "Se mi lasci, mi ammazzo", oppure, "Ti distruggo la faccia con l'acido", sono frasi indicative di una escalation di violenza di soggetti che molte volte abusano di alcol e droghe. Assassini che fanno leva sull'isolamento della vittima, si sentono impuniti e più la vittima perdona più si sentono potenti.

---

[41] Iacona Riccardo, *Se questi sono gli uomini*, Chiarelettere, 2012, pp.3-4

[42] Lipperini L, Murgia M, *"L'ho uccisa perché l'amavo" Falso!*, cit. p.4

Si parla di omicidi *pietatis causa* o altruistici, quando mariti o conviventi non ce la fanno più a occuparsi della partner malata e mettono fine alle sofferenze della compagna o a quella di entrambi, suicidandosi[43].

Ma si uccidono le donne anche per senso di possesso frustrato, associato a vere e proprie forme di ossessione morbose o addirittura patologiche: stalking, disturbi narcisistici di personalità, personalità borderline.


## Lo stalking

Lo stalking è una forma di violenza psicologica, una modalità relazionale in cui la privazione della libertà della vittima e la paura in lei ingenerata sono gli elementi caratterizzanti il rapporto con lo stalker. Un fenomeno contrastato dal nostro Legislatore con una legge ad hoc che punisce coloro che perpetrano questo reato difficile da riconoscere, distinguere e codificare, soprattutto perché è giocato su un piano verbale al fine di perseguitare e isolare la vittima dalla propria rete sociale. Un comportamento, quello dello stalker, che ha in sé un paradosso che dice di amare quella persona agendo però concretamente con condotte persecutorie che in realtà provocano sofferenza[44]. Un comportamento alterato che induce paura, angoscia e isolamento alla persona che lo subisce. Emerge dunque nello stalker una incapacità di empatizzare con le vittime e di riflettere sulle sue emozioni e sugli stati d'animo che ingenera alle vittime.

Spesso lo stalker presenta anche disturbi narcisistici di personalità, con una maturazione del sé disturbata, un senso grandioso di importanza, è assorbito da fantasmi di successo, potere, fascino, bellezza illimitati o di amore ideale; richiede eccessiva ammirazione, un vuoto emotivo e un sé non coeso che per poter affermarsi necessita dell'instaurare una o più relazioni di dipendenza. Una percezione grandiosa di sé determina un narcisismo conclamato, accompagnato dal disprezzo dell'altro e che, nelle relazioni interpersonali, trova espressione negli aspetti sadici, di schiacciamento dell'altro. Inoltre, a caratterizzare tale personalità

---

43 https://www.eures.it/sintesi-rapporto-eures-omicidio-in-famiglia/;

44 Penati Valentina, *Stalking*, LeggerMente, 2011

psicopatica sono superficialità, indifferenza, promiscuità, freddezza emotiva, disonestà e la presenza di comportamenti violenti[45].

Il carnefice, in altre situazioni, presenta una personalità borderline, ossia ricorre in modo massiccio alle difese primitive: diniego, identificazione proiettiva e scissionaria, a cui si aggiungono quelle tipiche del narcisista, idealizzazione e svalutazione. Il borderline tende ad avere difficoltà nelle relazioni ricorrenti, incapacità di intimità emotiva, problemi lavorativi, periodi di angoscia e di grave depressione e vulnerabilità all'abuso di sostanze e ad altre dipendenze come quella da gioco d'azzardo, furti, cibo, sesso compulsivo, da videogiochi e internet. Sono persone a elevato rischio autolesivo o sessualmente rischiosi, indebitamente eccessivi e autodistruttivi.

Infatti, spesso i carnefici finiscono per uccidersi o tentano di farlo. Solo in poco più della metà dei casi l'assassino confessa e si costituisce.


## La violenza domestica

Paradossale è il luogo dove si consumano i delitti contro le donne: la casa che da luogo di serenità e sicurezza si trasforma in territorio di scontro e dolore; teatro di abusi, luogo di nascondimento, dell'ipocrisia e dell'apparente armonia[46]. Luogo di violenza sulle donne ma anche, là dove sono presenti, sui figli e sulle figlie generando la c.d. *«violenza assistita intrafamiliare[47]»*, generata e inflitta tra le mura domestiche, in modo tale che dall'esterno nulla venga percepito. Cosa dicono i vicini di casa all'arrivo dei cronisti, dopo un femminicidio? «Una buona famiglia, gente tranquilla», e dell'assassino? «era tanto un bravo ragazzo, rispettoso, lavoratore...».

Una vera e propria «guerra» condotta tra le mura domestiche che «prima di finire sui giornali, nasce nelle case, all'interno delle famiglie, nel luogo che dovrebbe essere il più sicuro e protetto. È la morte dietro la porta di casa, oltre pareti quasi sempre silenziose, armadi e cassetti che contengono armi regolarmente denunciate. E invece diventa

---

[45] Mancini Manuel Marco, *Narcisismo e femminicidio*, Sovera edizioni, Roma, 2017, pp. 80-81

[46] Ulivieri Simonetta, *Corpi violati*, FrancoAngeli, 2014, p. 16

[47] Iacona Riccardo, *Se questi sono uomini*, Chiarelettere, 2012, pp.3-4

improvvisamente il più pericoloso, una prigione, l'anticamera della morte».

Abusi consumati dentro le mura dei chiostri, all'interno degli istituti delle congregazioni femminili, da «predatori» legati alla «gestione del potere», che sconfinano spesso in «autoritarismi compulsivi». Donne entrate in comunità religiose per seguire Cristo che si sono trovate in preda a situazioni dolorose che, per la maggior parte di loro, le hanno portate a lasciare la vita consacrata. È questo il grido di sofferenza, raccolto nel libro *Il velo del silenzio* del giornalista Salvatore Cernuzio, di tante donne consacrate ferite, non solo dal fallimento del proprio progetto di vita, ma anche dal confronto con strutture di potere centenarie, di una parte di presbiteri e Alti Prelati, che lo stesso Pontefice ha stigmatizzato come un cancro per la Chiesa. Una violenza fatta di paura, mobbing, manipolazioni, discriminazioni razziali, violazione della dignità fino all'umiliazione, violazione della coscienza, emarginazione, celate da un muro di omertà e pressioni nella comunità ecclesiale che hanno impedito a quelle donne di far luce sull'abuso subito, giustificato persino con motivazioni "teologiche" dal proprio confessore[48].


## Le conseguenze della pandemia sui femminicidi

Secondo i dati del Viminale durante il lockdown è stata uccisa una donna ogni tre giorni, con 91 femminicidi nei primi dieci mesi del 2020. Il dato è ancora più importante se si considerano le chiamate arrivate al numero verde del Dipartimento Pari Opportunità superate abbondantemente nel periodo della quarantena rispetto all'anno precedente, una richiesta di aiuto, in un contesto, quello casalingo, considerato una doppia prigione. La mancanza di lavoro, la convivenza forzata e la didattica a distanza hanno reso le donne e i loro figli maggiormente esposti alla violenza domestica.

Nel periodo marzo-giugno del 2020 ben 21 delle 26 vittime di femminicidio sono avvenute in un contesto familiare con il proprio assassino. Contestualmente c'è stato un forte incremento del 90,3% dei

---

48 https://www.avvenire.it/chiesa/pagine/religiose-vittime-di-abusi-ora-tempo-di-conversione;

femminicidi-suicidi. I dati forniscono maggiori informazioni anche sulle aree geografiche maggiormente segnate da tale fenomeno: il Nord, dove si è registrata la metà dei delitti commessi in Italia e in particolare il Nord-Est.

I dati del 2020 ci dicono anche che sono aumentati i delitti consumati nella coppia, saliti fino al 69,1% contro il 65,8% del 2019. Una convivenza forzata che ha avuto conseguenze soprattutto su coniugi, conviventi e madri colpite da figli affetti da disturbi psichici.

Anche il 2021 è stato un anno nero per le donne: su 197 omicidi commessi, il 41% sono state donne e di queste più della metà sono state uccise per mano di partner o ex partner.

La pandemia e alcune misure adottate per fronteggiarla hanno avuto un effetto devastante sulla vita di milioni di persone ma hanno anche rivelato, e in alcuni casi aggravato, abusi e disuguaglianze[49]. Quest'ultimi messi in evidenza e contestati con forza da movimenti creati da gente comune, come il Black Lives Matter e le campagne dei diritti delle donne.

L'emergenza pandemica e le politiche di austerità dei singoli Paesi hanno reso i soggetti violenti incapaci, ancor di più, di gestire le proprie emozioni e refrattari di fronte a un'esistenza dal futuro incerto. Ha aumentato le situazioni di pericolo per le donne già a rischio, peggiorando la loro condizione e di fatto costituito un ostacolo per chi voleva chiedere aiuto ad associazioni e reti territoriali di supporto alle donne.

La pandemia ha aumentato la disoccupazione e a farne le spese sono state soprattutto le donne impegnate nei lavori domestici, le cui richieste sono drasticamente calate per paura di contagiare ed essere contagiati.

Il problema è stato anche logistico: l'impossibilità di far vivere troppe persone nei centri antiviolenza e case rifugio, seppur rimaste attive nel rispetto delle previste prescrizioni igienico-sanitarie, per tutto il tempo necessario, con il rischio di creare nuovi focolai. Nel periodo marzo-maggio, quello del lockdown totale è stato il più difficile per le donne oggetto di violenze, la cui unica possibilità per contattare i centri anti-violenza era quella del momento per gettare la spazzatura, oppure l'andata in farmacia così come racconta Sigrid Pisanu, volontaria del centro di Merano e consigliere della rete nazionale D.I.R.E (Donne in rete

---

49 Rapporto 2020-2021 Amnesty International, La situazione dei diritti umani nel mondo, aprile 2021;

contro la violenza)[50]. I centri antiviolenza e le case rifugio si sono dovuti riorganizzare per garantire la sicurezza delle donne accolte, delle ospiti e delle operatrici che hanno continuato a sostenere le donne nei loro percorsi di uscita dalla violenza. Tale riorganizzazione ha comportato un aggravio di costi non sempre sostenuti dallo Stato, considerando che solo il 13% dei finanziamenti destinati ai centri antiviolenza e case rifugio per far fronte all'emergenza sanitaria sono stati effettivamente liquidati[51]. Terminato il lockdown hanno ripreso a salire i reati "spia" della violenza di genere: atti persecutori, maltrattamenti contro familiari e conviventi, violenze sessuali. Le donne sono state la stragrande maggioranza delle vittime[52], tornando ai livelli del 2013, considerato l'anno nero dei femminicidi.


## La violenza contro le donne negli altri paesi europei

Ampliando lo sguardo agli altri Paesi europei attraverso i dati messi a disposizione da Eurostat e rielaborati da Eige (l'Istituto dell'Unione europea per la parità di genere che ha sede in Lituania) che coprono solo 20 paesi tra i quali 15 stati membri e 4 paesi candidati dei Balcani Occidentali (Albania, Bosnia, Macedonia, Montenegro) più la Svizzera, si evince che il più delle volte la responsabilità è attribuibile al partner con alcune eccezioni: in Lituania e in Bosnia la maggior parte dei femminicidi è riconducibile a un membro della cerchia familiare[53]. All'undicesimo posto, con una media di una donna uccisa per cento mila abitanti si trova l'Estonia, a seguire Francia, Serbia, Repubblica Ceca, Romania, Croazia, Germania, Slovacchia, Ungheria, Norvegia, Svizzera, Spagna, Svezia, Olanda e Slovacchia. Tra i Paesi menzionati il dato più eclatante è quello dell'Ungheria che solo nel 2016 ha fatto registrare ben

50 https://www.open.online/2021/02/07/covid-19-picco-di-femminicidi-durante-il-lockdown/;

51 https://www.osservatoriodiritti.it/2021/03/08/festa-delle-donne-2021-origine-storia-8-marzo-significato-perche-femminismo/;

52 https://www.ilsole24ore.com/art/eures-stabile-numero-femminicidi-2020-effetto-lockdown-vittime-conviventi-102percento-ADJAxL4;

53 https://www.europeandatajournalism.eu/ita/Notizie/Data-news/Femminicidio-in-Europa-un-confronto-tra-paesi;

595 femminicidi con dati che restano ancora sottostimati. Gli stessi dati ci dicono che gli organi di polizia in Danimarca, Grecia, Lussemburgo, Lituania, Malta e Polonia, non raccolgono l'informazione del genere a cui appartiene la vittima in caso di omicidio. Francia e Regno Unito sono invece i paesi che rendono disponibili i dati in modo più dettagliato. È altrettanto vero però, che in Francia ancora oggi il "femminicidio" non appare nel Codice penale[54] seppure durante il lockdown è stata emessa un'ordinanza in aiuto delle donne-vittime prevedendo l'allontanamento del coniuge violento verso un nuovo luogo di confinamento.

In Olanda il femminicidio è registrato genericamente come omicidio colposo, nonostante nel 2018 l'Istituto Centrale di Statistica abbia rilevato che il 76% per cento delle donne sia stato ucciso per mano del proprio compagno o ex compagno, in media più di una ogni dieci giorni. Nel 2019 sono stati 44 le vittime di femminicidio comunicate, e nel 2020 gli organi di stampa hanno ricominciato a indagare sui veri numeri, con una certa reazione di stupore da parte dell'opinione pubblica[55].

In Germania, Paese europeo con il più alto tasso di omicidi di donne, il termine "femnizid" non è sempre riconosciuto, mentre uno studio avrebbe provato che solo nel 2019 sono state 251 le vittime di femminicidio.

La Spagna, invece, è stato il primo Paese a reagire all'aumento delle violenze domestiche durante il confinamento. Un sistema di allarme chiamato *"Mascarilla-19"*, letteralmente "Mascherina-19" è stato avviato a partire dal periodo di isolamento da Covid per cui spetta al farmacista contattare da subito il numero 112 di emergenza in situazioni di violenza. Una campagna che è stata da subito condivisa sui media da Madrid a Valencia.

---

54http://www.lejournalinternational.info/it/reportage-feminicides-une-comparaison-entre-les-pays-europeens/;

55 https://www.avvenire.it/mondo/pagine/niente-dati-sui-femminicidi-in-olanda-sono-solo-omicidi;

## Uno sguardo oltre Oceano

Volgendo lo sguardo ai Paesi oltre Oceano, in America si uccide una donna ogni cinque ore. È il dato che emerge dal rapporto condotto dallo statunitense *Center of American Progress*. Negli ultimi anni la percentuale di donne assassinate da persone conosciute è salita al 65%. Fenomeno dovuto anche alla facilità con cui in America è possibile avere accesso alle armi da fuoco[56].

Secondo i dati provenienti da Federal Bureau of Investigation e Ufficio contro le violenze sulle donne, in 15 Stati americani oltre il 40% dei femminicidi avviene tra le mura domestiche, per mano di una persona intima, con arma da fuoco, e sono quasi dodici mila le persone, che posseggono armi, ad essere condannate per stalking.

Secondo i dati dell'Organizzazione degli Stati Americani, l'America Latina poi è la regione al mondo più violenta: le Nazioni Unite confermano che a fronte di una media mondiale di 6,9 omicidi ogni centomila abitanti, nel Sud America i casi si quadruplicano, raggiungendo i ventotto per ogni centomila abitanti. Zona del mondo, quella del Sud America, caratterizzata da una forte violenza che si esercita su donne, bambini e adolescenti: ben 14 dei 25 paesi con il maggiore tasso di femminicidi si trovano proprio in America Latina e secondo l'Osservatorio sulla Parità di Genere della Cepal (Comisìon Economìca pare América Latina y el Caribe), oltre quattromila donne l'anno sono uccise per ragioni legate al loro genere[57].


## In altre zone del Mondo

Spostandoci a Est dell'Europa, in Russia, uno tra i Paesi con il più alto numero di donne uccise da un proprio familiare, nel 2017 è stata approvata la legge che depenalizza le violenze domestiche, chiamata *"Legge del ceffone"*, che prevede per aver picchiato figli o coniuge la prima volta, solo una multa di circa cinquecento euro e nessuna reclusione. Un

---

56 https://fondazionenenni.blog/2017/04/19/una-donna-assassinata-ogni-5-ore-succede-in-america/;

57America Latina: 12 donne ogni giorno vittime di femminicidio, molte le adolescenti - Terre des Hommes;

primo passo, secondo le associazioni umanitarie, per chiudere definitivamente gli occhi sulla questione delle violenze domestiche, che in Russia ogni anno riguardano circa quaranta mila donne, di cui solo il 12 per cento sporge denuncia alle autorità, e solo tre casi su 100 arrivano in tribunale, mentre negli altri casi si conclude con un nulla di fatto[58].

Il caso di Saman Abbas, la ragazza pakistana scomparsa a Novellara, dopo essersi ribellata a una proposta di matrimonio combinato nel suo Paese, ha riacceso il dibattito intorno alla tradizione e all'Islam, al ruolo e alla posizione della donna nelle culture musulmane[59].

In Pakistan solo nel 2017 è stata introdotta la legge contro i matrimoni forzati. In India le donne hanno un minor livello di istruzione e, a causa delle tradizioni religiose, restano subordinate all'uomo per tutta la vita (*"Legge di Manu"*), prima al padre, poi al marito e alla morte del marito, al figlio. In base a questa 'legge', una donna deve rimanere fedele al marito per sempre e non sono ammessi rapporti con altri uomini. Le restrizioni per la donna riguardano, secondo la tradizione, anche aspetti comportamentali: alle donne è vietato fumare in pubblico, dare la mano agli uomini né abbracciare né baciare nessuno.

In Turchia, il Presidente Erdogan, con un decreto presidenziale, ha reso ufficiale dal 1° luglio 2021 il ritiro dalla Convenzione del Consiglio d'Europa sulla prevenzione e la lotta contro la violenza nei confronti delle donne e la violenza domestica. Lo stesso accordo che nel 2011 era stato firmato dallo stesso Erdogan e citato dal presidente per dimostrare i presunti avanzamenti della Turchia nell'ambito della parità di genere[60]. Si tratta sicuramente di un passo indietro nel rispetto dei diritti delle donne, considerando che solo nel 2021 in Turchia sono state ammazzate 324 donne.

Dopo la costituzione dell'Emirato islamico il 31 agosto 2021, in Afghanistan è cominciata la reazione delle donne che sono rimaste nel Paese contro le regole imposte dai talebani, che in poche settimane hanno spazzato via vent'anni di conquiste: lezioni a scuola in spazi

---

58 https://www.notiziegeopolitiche.net/russia-nel-paese-dei-femminicidi-il-parlamento-depenalizza-la-violenza-domestica/;

59 https://www.strisciarossa.it/il-caso-saman-le-donne-e-lislam-senza-pregiudizi/;

60 https://www.amnesty.it/la-turchia-si-ritira-dalla-convenzione-di-istanbul-amnesty-international-atto-vergognoso/;

rigidamente divisi tra uomini e donne; donne che non possono più lavorare e uscire solo se accompagnate da un familiare maschio. Vedove e nubili sono letteralmente perseguitate e una volta catturate consegnate in sposa ai loro mujaheddin[61]. Una sorta di "caccia alle donne" che induce paura collettiva e alla fuga, al cambio continuo di identità, residenza e recapiti. Le donne che trovano il coraggio di protestare vengono picchiate per strada davanti a uomini inermi e in silenzio. Per i talebani tali misure discriminatorie rientrano nell'educazione voluta dalla legge islamica, detta Sharia[62].


## Gli interventi legislativi a tutela della donna.

Ci si chiede cosa fare. Forse dovremmo partire da cosa non fare: considerare il femminicidio un'emergenza. Un'anomalia tutta italiana che spesso pensa di poter risolvere alcune questioni con leggi ad hoc, sull'onda delle emozioni.

Il decreto legislativo *"Disposizioni urgenti in materia di sicurezza per il contrasto della violenza di genere"* del 14 agosto 2013 n.93 e in particolare l'art. 5 *"Piano d'azione straordinario contro la violenza sessuale e di genere"* è stato sicuramente un primo passo che non è bastato a fermare la violenza sulle donne, tanto che nell'agosto del 2019 con la legge n.69 il nostro ordinamento in materia di violenza di genere ha dato una svolta decisiva con l'approvazione del *Codice Rosso*, ossia la legge n.69 che apportando modifiche sia al codice penale che a quello di procedura penale, ha introdotto nuove condotte sanzionabili all'interno del reato di maltrattamenti in famiglia e ha abbreviato le tempistiche giudiziali al fine di tutelare quanto prima la vittima[63]. È stata poi introdotta una nuova forma di delitto, il c.d. *"revenge porn"*, all'articolo 612-ter del Codice penale, sanzionato con una multa da cinquemila a quindicimila euro e la reclusione da uno a sei anni «a chiunque diffonda, senza il consenso della persona interessata, contenuti multimediali di natura

61 https://www.repubblica.it/editoriali/2021/09/18/news/
maurizio_molinari_afghanistan_talebani_diritti_delle_donne-318395362/;

62 https://www.ilsole24ore.com/art/afghanistan-tutti-diritti-negati-donne-AEDgIhh;

63 https://www.camera.it/temiap/documentazione/temi/pdf/1105020.pdf;

pornografica, avendoli ricevuti, creati o sottratti se gli stessi fossero dovuti rimanere privati[64]».

La legge n.69/2019 si occupa anche del delitto commesso con l'acido, sanzionando con la reclusione da otto a quattordici anni «chiunque cagioni una lesione personale dalla quale derivano la deformazione o lo sfregio permanente del viso», prevedendo l'ergastolo per chi con tale gesto abbia portato alla morte la vittima[65]. Il Codice Rosso ha anche inasprito le sanzioni sia per il reato di maltrattamenti sia per i delitti di stalking e violenza sessuale con una reclusione rispettivamente da un minimo di un anno a un massimo di sei e da un minimo di sei ad un massimo di dodici anni.

L'inasprimento delle norme da solo non basta. Spetta alla società tutta, attraverso le istituzioni locali e nazionali, i centri antiviolenza, le case di accoglienza, aiutare le donne, ascoltarle, sostenerle e farle desistere dalla *"sindrome della crocerossina"*: uomini messi su un piedistallo, curati, protetti, coccolati quasi fossero bambini indifesi e non partner alla pari, capaci di difendersi da soli. Solo recuperando la propria autostima e non sentendosi sole, le donne potranno uscire dall'incubo delle violenze e avere il coraggio di denunciare i loro uomini violenti.

## Educazione di genere: scuola, politica, mass media.

Su scala nazionale è diventato quanto mai urgente pensare e svolgere un'opera di educazione, sensibilizzazione e informazione del problema delle questioni di genere e in particolare della violenza sulle donne. Devono cambiare i presupposti culturali che legittimano la violenza e che la fanno vedere a molti come "normale" o "meritata". È necessario affiancare le famiglie nell'educazione dei figli per trasmettere modelli differenti, spiegare che la sensibilità è un pregio e che l'uomo "che non deve chiedere mai" è una deformazione della realtà. Piuttosto gli uomini vanno educati ad essere persone libere e indipendenti. È fondamentale smontare gli stereotipi di genere che spesso e volentieri passano

---

64 https://rivista.camminodiritto.it/articolo.asp?id=4631;

65 https://www.sistemapenale.it/pdf_contenuti/1578520067_russo-2020a-emergenza-codice-rosso-legge-69-del-2019.pdf;

attraverso la visione di materiale pornografico, di larga e libera fruizione a soggetti di tutte le età. Da una indagine condotta dalla Symantec (azienda statunitense nota per la produzione di antivirus) infatti le parole "sesso" e "porno" si classificano nella lista delle prime cinque parole più cliccate. Nell'era della pansessualità, del primato del corpo e dell'apologia del godimento, è lecito chiedersi: quale immagine della donna viene introiettata dagli utenti[66]? Sicuramente di una donna deumanizzata, oggetto sessuale a disposizione dell'uomo, trattata come un prodotto, a volte rappresentata in situazioni di violenza estrema, anche abusi, incesti, stupri, in cui, per l'altro, ella "sembra" provare piacere. Non solo, ma c'è un rischio maggiore nel visionare una grande quantità di materiale pornografico: si creano aspettative, modelli, pensieri, attitudini e fantasie relative alla sessualità, portando a credere che la proposta del porno riguardo al sesso, donna e rapporti sessuali sia quella reale[67]. In questa direzione si pone lo studio condotto nel 2005 da Malamuth e Huppin, suggerendo che una esposizione eccessiva a materiale pornografico esplicito da parte degli adolescenti induca a introiettare comportamenti sessualmente aggressivi sulle donne. È stata riscontrata, inoltre, un'interessante correlazione tra l'uso della pornografia negli adolescenti e un basso livello di self-concept (concezione di sé), tanto che alcune ragazze hanno rivelato di sentirsi fisicamente inferiori alle ragazze dei video porno, così come i ragazzi temono di non essere virili e riuscire a eguagliare le loro performance sessuali quanto i soggetti maschi pornografici.[68]
Per quanto concerne poi l'informazione, essa ha un ruolo fondamentale nel trattare la violenza contro le donne in modo responsabile per creare una forte consapevolezza collettiva. Bisogna informare ma facendolo bene, stando attenti alle parole e ai messaggi equivoci che si possono trasmettere, ad evitare espressioni come «si è accorta a un certo punto di non essere riuscita a fare breccia nel cuore di lui» o «l'uomo a cui affidare la propria vita» o ancora «la donna ha provato a elemosinare un po'

---

[66] Adamo P, Hard Core: istruzioni per l'uso. Sessuopolitica e porno di massa, Mimesis, 2021

[67] Pellai, A, "Teen forn, cosa dire ai giovanissimi sulla pornografia", in Psicologia Contemporanea, novembre 2014

[68] Owens W, E, Behun J, Manning J.C., Reid R.C, The Impact of Internet Pornography on Aloscents: A Review of the Research, 2021

d'amore[69]». Espressioni declinate e ricondotte al genere femminile ma mai a quello maschile, che la connotano in un'unica direzione, il c.d. "sesso debole". Informare correttamente sapendo che «la lingua non solo manifesta, ma condiziona il nostro modo di pensare, incorpora una visione del mondo e ce lo impone[70]», e senza creare assuefazione nel pubblico. Il rischio è che ci si abitui e non ci si faccia più caso. Considerando poi che già una fetta di pubblico è indifferente al problema, ritenendo le donne "colpevoli" con i loro comportamenti poco decorosi di indurre l'uomo ad ammazzarla!

L'errore più comune che si fa nella comunicazione è di raccontare il caso di femminicidio ancora troppo dal punto di vista di lui, citando giustificazioni ed espressioni che diventano moventi: "è stato colto da un raptus senza fine", "dopo l'ennesimo litigio", il "dramma di un padre separato", "l'ha uccisa per gelosia", "lui lavorava, lei stava dalla mattina alla sera al telefonino[71]".

Una ricerca condotta qualche anno fa dal dipartimento di Scienze politiche e sociali dell'Università di Bologna su articoli di cronaca riguardanti i femminicidi da parte di partner o ex partner, ha mostrato come su 116 articoli esaminati, 92 presentavano la vicenda come collegata ad una "dimensione d'amore e passione", una sorta di *romanticismo della violenza*, adducendo, come principali motivi del "crimine di passione" , la "gelosia e l'incapacità di accettare la decisione del partner di terminare la relazione", accompagnata da una "perdita di controllo" da parte dell'uomo[72]. Frasi che evidenziano non solo una certa arretratezza e impreparazione di giornali e tv sul tema del femminicidio[73], ma che ricordano un vecchio film interpretato nel 1970 da Monica Vitti, *Dramma della gelosia,* in cui la protagonista veniva uccisa dal suo ex fidanzato,

---

69 Abis S, Orrù P, Il femminicidio nella stampa italiana: un'indagine linguistica, in «Gender Sexuality Italy», 3/2016, pp. 18-33;

70 G. Priulla, *La quotidiana responsabilità della parola*, in F. Dante, A. Cagnolati (a cura di), Comunicazione di genere tra immagini e parole, FahrenHouse, Salamanca 2019, p.9

71 Dell'Anno M, Parole e pregiudizi. Il linguaggio dei giornali italiani nei casi di femminicidio, LuoghInteriori, Città di Castello (PG) 2021.

72 Giomi E, *Tag Femminicidio. La violenza letale contro le donne nella stampa italiana,* in «Problemi di informazione» 3/2015, pp. 549-574

73 https://www.ildubbio.news/2019/09/10/femminicidio-la-narrazione-killer-di-giornali-e-tv/;

interpretato da un giovane Marcello Mastroianni, che diceva di amarla, anzi di amarla "come un pazzo"[74]. O come è accaduto nel caso del femminicidio avvenuto a Piacenza nel 2019 dove un giornale locale ha titolato "Il gigante buono e quell'amore non corrisposto", un titolo choc che fece scatenare la rabbia sui social da parte di gente comune e donne del mondo dello spettacolo che chiesero l'intervento dell'Ordine dei Giornalisti[75]. In tempi recenti, come nel caso dell'uccisione di Ilena Fabbri, secondo un quotidiano, il movente che avrebbe indotto il marito a ucciderla per mano di un sicario, sarebbero state le "pretese" economiche della donna[76]. Nel caso di Carmagnola, dove il padre ha ucciso moglie e figlio di cinque anni, alcune testate giornalistiche hanno scritto di "raptus senza fine" o "raptus di follia". Questa narrazione non solo attenua la responsabilità dell'assassino, ma colpevolizza la vittima, della quale si dice che è stato il suo comportamento a scatenare la violenza dell'uomo che mai in altre circostanze aveva e avrebbe agito così[77], non facendo altro che infliggere una seconda ferita alle donne uccise! Ai giornalisti è chiesto di rispettare le regole del Testo Unico dei doveri del giornalista entrato in vigore il 1° gennaio 2021 in cui si conferma e sottolinea il dovere e il rispetto delle differenze di genere, violenza, molestie, discriminazioni, evitando stereotipi di genere, le espressioni e immagini lesive della dignità della persona. Il giornalista, inoltre, è chiamato ad attenersi a un linguaggio rispettoso, corretto e consapevole, limitandosi all'essenzialità della notizia e alla continenza; a non spettacolarizzare la violenza, a non usare espressioni, termini e immagini che sminuiscano la gravità del fatto commesso. Al posto di scrivere che lui l'ha uccisa perché era stato lasciato, bisognerebbe scrivere che lui l'ha uccisa perché non concepiva che lei fosse libera di lasciarlo!

---

74  https://www.filodiritto.com/riflettendo-sul-linguaggio-dei-giornali-italiani-nei-casi-di-femminicidio;

75 https://www.ilsussidiario.net/news/gigante-buono-titolo-choc-su femminicidio-piacenza-odg-attacca-cronaca-distorta/1924016/;

76  https://alleyoop.ilsole24ore.com/2021/03/03/titoli-effetto-racconti-parte-le-ferite-dei-media-alle-donne-vittime-violenza/?refresh_ce=1;

77 Dell'Anno M, *Se questo è amore. La violenza maschile contro le donne nel contesto di una relazione intima*, LuoghInteriori, Città di Castello (PG) 2019

La scuola, dal canto suo, non può esimersi, già dall'infanzia, dal compito educativo di decostruzione di tutti quegli stereotipi di genere che sono alla base della relazione uomo/donna, e di promuovere un pensiero plurale e identità mutanti[78]. La Convenzione di Istanbul, siglata nel 2011 e ratificata dal Parlamento italiano con la legge 77/2013 infatti, definisce in maniera chiara il ruolo dell'educazione al genere nelle scuole. Si ribadisce infatti la necessità di «includere nei programmi scolastici di ogni ordine e grado dei materiali didattici su temi quali la parità tra i sessi, i ruoli di genere non stereotipati, il reciproco rispetto, la soluzione non violenta dei conflitti nei rapporti interpersonali, la violenza contro le donne basata sul genere e il diritto all'integrità personale, appropriati al livello cognitivo degli allievi[79]». Educare al genere significa dunque «educare alla libertà intesa come possibilità di essere e fare, riuscendo a comprendere e gestire la complessità contemporanea[80]».

Le Indicazioni Nazionali per il curricolo della scuola dell'infanzia e del primo ciclo di istruzione (DM del 16 novembre 2012, n.254), considerano poi compito della scuola quello di «fornire i supporti adeguati affinché ogni persona sviluppi un'identità consapevole e aperta. La piena attuazione del riconoscimento e della garanzia della libertà e dell'uguaglianza, nel rispetto delle differenze di tutti e dell'identità di ciascuno». Occorre, partendo proprio dalle Indicazioni Nazionali, lavorare sui programmi, sui libri di testo, sulle materie di insegnamento affinché ogni docente sia «dotato di strumenti critici volti a incrementare una cultura della parità nella loro pratica didattica quotidiana[81]».

È evidente che le risposte per fronteggiare il fenomeno non possono limitarsi a misure repressive ma devono fondarsi su nuovi percorsi formativi che, a partire dalla scuola, educhino le nuove generazioni, lungo tutte le fasi del percorso educativo anche alla dimensione affettiva.

---

78  https://www.savethechildren.it/blog-notizie/educare-alla-non-violenza-il-rispetto-si-impara-dall-infanzia;

79https://www.dors.it/documentazione/testo/201907/violenza%20di%20genere_%20scuola.pdf;

80 Guerrini V, *La relazione educativa a scuola. Educare al valore della differenza di genere per una società inclusiva*, Formazione & Insegnamento, Supplemento, XI, 3

81 Biemmi I., Satta C. Editoriale, About Gender, 6, 12 *Infanzia, educazione e genere. La costruzione delle culture di genere tra contesti scolastici, extrascolastici e familiari*, 2017

È importante lavorare sulle fasce più piccole d'età perché la parità dei diritti delle donne sia un fattore interiorizzato da tutti senza più alcun eco di natura diversa. È necessaria un'educazione al cambiamento, capace di indurre uomini e donne a uscire dall'individualismo, a pensarsi in relazione con l'altro/a, con il diverso da sé, senza alcun atteggiamento di paura bensì di comprensione, condividendo spazi di connessione comunicativa ed emotiva.

Non secondaria è un'educazione alla fruizione dei media, dalla tv all'uso di internet e social, attraverso i quali vengono trasmessi messaggi distorti circa l'identità maschio/femmina, omosex, transgender, agender ecc. I social media possono rendere di nuovo vittima la donna, sbagliando la terminologia, titolo, fotografia, contestualizzazione.

Non è passata inosservata la dichiarazione di qualche tempo fa di una nota giornalista e conduttrice tv dalle telecamere di Rete4 quando parlando degli ultimi casi di femminicidi sosteneva che "Negli ultimi sette giorni ci sono state sette donne uccise presumibilmente da sette uomini. A volte è lecito anche domandarsi: questi uomini erano completamente fuori di testa, completamente obnubilati oppure c'è stato anche un comportamento esasperante e aggressivo anche dall'altra parte? È una domanda che dobbiamo farci per forza, soprattutto in questa sede, in tribunale bisogna esaminare tutte le ipotesi[82]". Ovviamente il volto popolare della Rete Mediaset è stata inondata da numerose critiche, soprattutto da parte delle stesse donne che si sono chieste come una giornalista esperta di comunicazione avesse potuto legittimare uno degli stereotipi più pericolosi.

Per creare una cultura e una sensibilità verso questo fenomeno è necessario, nei casi di femminicidio, adottare il punto di vista della vittima, in una cronaca quasi sempre morbosamente centrata sulla personalità dell'omicida. E ancora, basta parlare di emergenza che, come un'onda, all'improvviso si è sollevata! La violenza degli uomini sulle donne è qualcosa di strutturale e ancestrale, frutto di una visione culturale dove la donna è ancora il "sesso debole"[83]. È il frutto di un sistema che ha tollerato e tollera la violenza. Per questo occorrono

---

[82] https://www.adnkronos.com/femminicidio-bufera-su-barbara-palombelli_1f7JVOmUOcWMoE3OQJ8M4L?refresh_ce

[83] https://27esimaora.corriere.it/articolo/violenza-sulle-donne-e-ruolo-dei-media-cosa-possiamo-fare-riflessioni-in-10-punti/

insegnanti/educatori formati a una *pedagogia di genere*, più precisamente dei generi, della pluralità dei modi di essere e di valori capaci di fornire gli strumenti per tracciare percorsi educativi mai definitivi e di lungo periodo. Educazione di genere e Pedagogia di genere sono ambiti che dovrebbero essere di pertinenza della formazione iniziale e in servizio di tutti i professionisti dell'educazione, per le loro potenzialità di trasformazione culturale e sociale. Come invece rilevano le ultime ricerche, educatrici e insegnanti italiani, ancora oggi, non praticano un'Educazione di genere esplicita, nei confronti di bambine e bambini che incontrano nelle classi, nelle sezioni, nelle comunità, cioè un'educazione pensata, arricchente per ciascuno e per tutti[84].

E poi ci siamo noi uomini che dobbiamo ripensare al nostro modo di essere e di agire nei confronti delle donne. Ripensare la nostra cultura, quella maschilista che vede "l'uomo gran conquistatore e la donna gran mignotta". Uomini capaci di dare un buon esempio ai loro figli, i quali se vedono i padri usare violenza contro le donne, si sentiranno liberi, con molta probabilità, di farlo nei confronti della loro futura compagna[85]. A noi uomini che viviamo il presente spetta il compito di ripensare all'idea di uomini e donne del futuro come esseri liberi e indipendenti.

---

[84] Leonelli S, *La Pedagogia di genere in Italia: dall'uguaglianza alla complessificazione*, (in) Ricerche di Pedagogia e Didattica, 2011

[85] http//www.huffingtonpost.it/gianfranco-mascia/il-problema-siamo-noi-uomini_b_4115006.html;

# Glossario

***Battered Woman Syndrome (Sindrome della donna maltrattata):*** insieme di sintomi psicologici e comportamentali caratterizzati da un continuo riadattamento psicologico della vittima che si trova a condividere lo stesso ambiente vitale con il suo aggressore, con squilibrio di potere e intermittenza dell'abuso.

***Binarismo di genere o genderismo:*** convinzione che il genere sia composto da due generi distinti e opposti (femminile e maschile) in cui non vi è sovrapposizione.

***Centri Anti Violenza:*** associazioni non governative gestite da sole donne con l'obiettivo politico del cambiamento sociale in un'ottica di genere. Luoghi dove le donne possono recarsi nella massima riservatezza e gratuitamente per richiedere informazioni, ascolto, consulenza legale e/o psicologica e dove è possibile costruire un percorso di uscita dalla violenza.

***Codice rosso:*** è la Legge 19 luglio 2019, n.69, composta da 21 articoli i quali individuano un catalogo di reati attraverso i quali si esercita la violenza domestica e di genere.

***Cyberstalking:*** persecuzione condotta attraverso strumenti informatici o telematici (utilizzo abusivo degli account informatici, acquisizioni di immagini e dati di una donna da parte dell'ex partner).

***Disforia di genere:*** condizione definita da una forte e persistente sofferenza psicologica presente in una persona, causata dalla mancanza di congruenza tra il sesso assegnato alla nascita e l'identità di genere della persona stessa, che si identifica nel genere opposto a quello corrispondente ai propri attributi sessuali primari e secondari, oppure non si identifica in nessuno dei due, rifiutando una categorizzazione binaria.

**Domestic Stockholm Sindrome**: Sindrome di Stoccolma in un contesto domestico; condizione psicologica in cui la persona vittima di restrizione della libertà sperimenta un legame emotivo positivo verso l'abusante.

**D.I.R.E:** acronimo che sta per Donne in Rete Contro la Violenza; è la rete nazionale antiviolenza gestita da organizzazioni di donne.

**Educazione di genere:** insieme di attenzioni e azioni messi in atto da chi ha responsabilità educativa nei confronti dei giovani.

**Femminicidio:** uccisione diretto o provocata, eliminazione fisica o annientamento morale della donna e del suo ruolo sociale.

**Femminismo:** movimento nato negli anni '70 caratterizzato dal concetto di "emancipazione" per garantire una uguaglianza politica, economica, culturale, personale, sociale e giuridica tra donne e uomini. Obiettivo: combattere tutte le forme di discriminazione di cui le donne sono vittime.

**Genere:** costruzione culturale e sociale che nell'immaginario collettivo, e con riscontro nei testi di legge e nelle organizzazioni sociali, definisce il maschile e il femminile. Il termine "genere" si distingue dal termine "sesso" che rimanda alla natura esclusivamente biologica del maschile e del femminile.

**Identità di genere**: è il modo in cui una persona si percepisce e si identifica in relazione al genere (maschile, femminile, non binaria, ecc.).

**Machismo:** esagerata e ridicola esibizione di virilità, basata sull'idea che il maschio sia superiore alla femmina.

**Misoginia:** termine che letteralmente significa "odio verso le donne", un sentimento di disprezzo o di ostilità verso le donne.

**Pansessualità:** termine con cui ci si riferisce alle persone che possono provare attrazione verso tutti i generi, caratterizzandosi per la sua fluidità sessuale.

**Pedagogia di genere:** disciplina che si occupa della riflessione sull'Educazione di genere condotta da esperti dei processi di formazione.

**Reati-spia:** crimini preludio di una possibile azione omicidiaria (stupri, minacce, ricatti economici, violenze psicologiche).

**Reveng porn:** distribuzione di immagini sessualmente esplicite senza che il soggetto raggirato abbia dato il consenso.

**Romanticismo della violenza:** codice narrativo molto utilizzato dai media per raccontare l'uccisione delle donne presentando la vicenda come collegata a una "dimensione d'amore e passione, sottintendendo l'esistenza di una connessione forte tra il femminicidio della partner e uno stato di amore tormentato".

**Sessismo:** parole, gesti, comportamenti o azioni che emarginano, inferiorizzano, discriminano o escludono le donne; discriminazione basata sul genere.

**Sindrome della crocerossina o di Wendy:** sentimento di gratificazione a vedere l'altro (solitamente il partner) "curato" o "salvato" grazie ai propri sacrifici e al proprio aiuto. Chiamata anche sindrome di Wendy, una protagonista della favola Peter Pan che fanciulla viene adultizzata dalla famiglia e spinta a prendersi cura dei suoi fratelli.

**Stalking:** insieme di comportamenti reiterati nel tempo, con minaccia o molestia tale (telefonare ripetutamente o a qualunque ora, invio insistente di messaggi al cellulare, di e-mail o di biglietti o lettere, regali indesiderati, pedinamenti, appostamenti sotto casa o vicino al luogo di lavoro o in altri luoghi abitualmente frequentati, irruzioni sul luogo di lavoro, messaggi o telefonate atti a intimorire la vittima facendole sapere che si sa esattamente dove si trova in un determinato momento, far recapitare oggetti con significato intimidatorio) da produrre uno state grave e perdurante di ansia o paura, oppure tale da far temere per l'incolumità propria o dei propri congiunti, o tale da condurre alla necessità di cambiare le proprie abitudini.

*Stereotipi di genere:* idee precostituite per cui il genere femminile e maschile sono assegnati a caratteristiche e ruoli determinati e limitati dal loro genere.

*Violenza assistita intrafamiliare:* la violenza contro le donne che ha come effetto diretto quello di determinare nei minori coinvolti una particolare forma di violenza detta assistita.

*Violenza di genere:* comprende tutti gli atti di violenza compiuti in base al genere, che causano o possono causare sofferenza fisica, psicologica, sessuale, economica. Comprende anche le minacce di compiere questi atti, nonché la coercizione e la privazione della libertà, sia nella vita privata che nella vita pubblica.

# Bibliografia


Abis S, Orrù P, *Il femminicidio nella stampa italiana: un'indagine linguistica*, in «Gender Sexuality Italy», 3/2016, pp. 18-33;

Adamo P, *Hard Core: istruzioni per l'uso. Sessuopolitica e porno di massa*, Mimesis, 2021

A.A.V.V., *Nessuna più*, (in) Prefazione di Roberta Bruzzone, Elliot Edizioni, 2013

Biemmi I., Satta C. Editoriale, About Gender, 6, 12 *Infanzia, educazione e genere. La costruzione delle culture di genere tra contesti scolastici, extrascolastici e familiari*, 2017

Biemmi I., *Educazione sessista. Stereotipi di genere nei libri delle elementari*, Rosenberg & Sellier, 2017

Cagnolati A., Minerva F. P., Ulivieri S., *Le frontiere del corpo. Mutamenti e metamorfosi*. Edizioni Ets, 2013

Capecchi S., Ruspini E., *Media, corpi, sessualità. Dai corpi esibiti al cybersex*, FrancoAngeli, 2009

Dal Pozzo G., *Così fragile, così violento*. Editori Riuniti, 2000

Dell'Anno M, *Parole e pregiudizi. Il linguaggio dei giornali italiani nei casi di femminicidio*, LuoghInteriori, Città di Castello (PG) 2021.

Dell'Anno M, *Se questo è amore. La violenza maschile contro le donne nel contesto di una relazione intima*, LuoghInteriori, Città di Castello (PG) 2019.

Iacona R., *Se questi sono uomini. Italia 2012. La strage delle donne*, Chiarelettere, 2021

Gianni A.S., *Uomini che uccidono le donne*, Corriere della Sera, 2015

Giomi E., *Tag Femminicidio. La violenza letale contro le donne nella stampa italiana*, in «Problemi di informazione» 3/2015, pp. 549-574

Guerrini V., *La relazione educativa a scuola. Educare al valore della differenza di genere per una società inclusiva*, Formazione & Insegnamento, Supplemento, XI, 3

Leonelli S, *La Pedagogia di genere in Italia: dall'uguaglianza alla complessificazione*, (in) Ricerche di Pedagogia e Didattica, 2011

Lipperini L, Murgia M, *"L'ho uccisa perché l'amavo" Falso!*, cit. p.4

Malizia N., *Il Femminicidio in Italia*, Giappichelli Editore, Torino, 2015

Pellai A., *"Teen forn, cosa dire ai giovanissimi sulla pornografia"*, in Psicologia Contemporanea, novembre 2014

Owens W., E, Behun J, Manning J.C., Reid R.C, *The Impact of Internet Pornography on Adolescents: A Review of the Research*, 2021

Priulla G, *La quotidiana responsabilità della parola*, in F. Dante, A. Cagnolati (a cura di), Comunicazione di genere tra immagini e parole, FahrenHouse, Salamanca 2019, p.9

Radford J., Russel D., *Femicide: the Politics of Woman Killing*, New York, NY Twe Publishes and Buckingham, England, Open University Press, 1992.

Rapporto 2020-2021 Amnesty Internazional, *La situazione dei diritti umani nel mondo*, aprile 2021

Spinelli B., *"Femminicidio. Dalla denuncia sociale al riconoscimento giuridico internazionale"*, Franco Angeli Milano 2008

Tulli F., *Chiesa e pedofilia, il caso italiano*, (in) Prefazione di Maria Gabriella Gatti p. XXIV, L'Asino d'oro edizioni, 2014

Ulivieri S., *Corpi violati. Condizionamenti e violenze di genere*, FrancoAngeli Editore, 2014

# Sitografia


America Latina: 12 donne ogni giorno vittime di femminicidio, molte le adolescenti - Terre des Hommes
https://www.avvenire.it/attualita/pagine/femminicidi-numeri-italia-mese;
Da Rold Cristina, Le ragazze continuano a non scegliere scuole superiori "scientifiche", Il Sole24Ore, 31 maggio 2022, https://www.infodata.ilsole24ore.com/2022/05/31/le-ragazze-continuano-a-non-scegliere-scuole-superiori-scientifiche/;
*LIBRO_Donne in uniforme.indd (regione.toscana.it);
Numero monografico della rivista "Pedagogia oggi", n.2, 2013, dal titolo Violenze visibili e invisibili http://www.spied.it/rivista-pedagogia-oggi/anno-2013/
https://www.notiziegeopolitiche.net/russia-nel-paese-dei-femminicidi-il-parlamento-depenalizza-la-violenza-domestica/
https://www.osservatoriodiritti.it/2020/09/04/femminicidio-in-italia-oggi-2020-statistiche-reato/
https://www.open.online/2021/02/07/covid-19-picco-di-femminicidi-durante-il-lockdown/
https://www.rizzolieducation.it/content/uploads/2021/02/2_0010.001006obiettivo_parita-1-1.pdf;
https://www.ilsole24ore.com/art/eures-stabile-numero-femminicidi-2020-effetto-lockdown-vittime-conviventi-102percento-ADJAxL4
https://www.cirsde.unito.it/sites/c555/files/allegatiparagrafo/28042016/gender_genere_e_sesso.pdf;
https://www.camera.it/temiap/documentazione/temi/pdf/1105020.pdf
quaderno donne e ricerca n. 5 forze armate.qxd (unito.it);
https://rivista.camminodiritto.it/articolo.asp?id=4631
https://educazione.comune.fi.it/system/files/201904/pu_stereotipi_.pdf;
https://www.sistemapenale.it/pdf_contenuti/1578520067_russo-2020a-emergenza-codice-rosso-legge-69-del-2019.pdf
https://www.savethechildren.it/blog-notizie/educare-alla-non-violenza-il-rispetto-si-impara-dall-infanzia
The_Toon_Gaze_La_rappresentazione_del_femminile_ne.pdf;

Adolescenti: gli stereotipi di genere sono duri a morire | Consiglio Nazionale delle Ricerche (cnr.it);

https://www.dors.it/documentazione/testo/201907/violenza%20di%20genere_%20scuola.pdf

https://www.europeandatajournalism.eu/ita/Notizie/Datanews/Femminicidio-in-Europa-un-confronto-tra-paesi

https://fra.europa.eu/sites/default/files/fra_uploads/1224-Summary-homophobia-discrimination2009_IT.pdf;

http://www.lejournalinternational.info/it/reportage-feminicides-une-comparaison-entre-les-pays-europeens/

https://www.archiviodisarmo.it/view/kLnf55Ar2Rv7LiuP11F_xWFeTo-pVGi-RUKkgSfyGvA/genere-e-stereotipi-di-genere.pdf;

https://www.avvenire.it/mondo/pagine/niente-dati-sui-femminicidi-in-olanda-sono-solo-omicidi

http://dspace.unive.it/bitstream/handle/10579/4243/823055174594.pdf?sequence=2;

http//www.huffingtonpost.it/gianfranco-mascia/il-problema-siamo-noi-uomini_b_4115006.html

https://www.strisciarossa.it/il-caso-saman-le-donne-e-lislam-senza-pregiudizi/

https://www.repubblica.it/editoriali/2021/09/18/news/maurizio_molinari_afghanistan_talebani_diritti_delle_donne-318395362/

https://www.ilsole24ore.com/art/afghanistan-tutti-diritti-negati-donne-AEDgIhh

https://alleyoop.ilsole24ore.com/2021/03/03/titoli-effetto-racconti-parte-le-ferite-dei-media-alle-donne-vittime-violenza/?refresh_ce=1

https://www.ildubbio.news/2019/09/10/femminicidio-la-narrazione-killer-di-giornali-e-tv/

https://www.eures.it/sintesi-rapporto-eures-omicidio-in-famiglia/differenze+di+genere+nei+libri+scolastici.pdf;

https://lavoce.info/archives/93709/la-scuola-superiore-e-una-scelta-di-genere/;

https://www.repubblica.it/salute/2017/01/27/foto/stereotipi_di_genere_i_dati-157011227/1/;

https://27esimaora.corriere.it/articolo/violenza-sulle-donne-e-ruolo-dei-media-cosa-possiamo-fare-riflessioni-in-10-punti/;

https://www.filodiritto.com/riflettendo-sul-linguaggio-dei-giornali-italiani-nei-casi-di-femminicidio;

https://www.invalsiopen.it/gender-gap-matematica/;

https://www.ilsussidiario.net/news/gigante-buono-titolo-choc-su-femminicidio-piacenza-odg-attacca-cronaca-distorta/1924016/;

Il Natale è da favola: le fiabe Disney da record in tv – Il Tempo;

Trasmissione sulle donne dell'Est, chiuso il programma della Perego (avvenire.it);

https://www.adnkronos.com/femminicidio-bufera-su-barbara-palombelli_1f7JVOmUOcWMoE3OQJ8M4L?refresh_ce

https://www.osservatoriodiritti.it/2021/03/08/festa-delle-donne-2021-origine-storia-8-marzo-significato-perche-femminismo/

https://www.avvenire.it/chiesa/pagine/religiose-vittime-di-abusi-ora-tempo-di-conversione  https://www.ilfoglio.it/libri/2016/10/28/news/contro-le-donne-105927/

*Ringrazio le insegnanti Amelia,
Carmela e Damiana
per i libri di testo forniti*

Ruggero Dibitonto è nato a Barletta, dove vive tuttora e insegna. È laureato in Scienze Politiche e dal 2010 abilitato all'insegnamento nella scuola primaria con la laurea in Scienze della Formazione Primaria. Ha conseguito nel 2017 la laurea in Dirigenza scolastica e pedagogia clinica. Scrive poesie, saggi ricevendo premi e menzioni. Ha pubblicato nel 2022 per Edizioni Piavani "Uomini vs donne, ai tempi del Covid", per il quale ha ricevuto il premio "Books for Peace 2022". Ha pubblicato "Le parole della scuola, (prospettive future) per Helicon Edizione. É giudice popolare per il Concorso Letterario I racconti dello Schioppettino.

# Restiamo in contatto

Ultimare la lettura di un libro, insieme al piacere per averlo letto, rappresenta anche un piccolo dispiacere per averlo terminato ma un'immensa gioia per chi lo pubblica.

Si crea un misterioso rapporto di sintonia tra chi lo scrive, chi lo legge e chi lo pubblica.

Sarebbe interessante poter condividere queste emozioni.

Per questo motivo, se siamo stati bene in questo viaggio letterario, vorremmo invitarti a restare in contatto con noi, iscrivendoti alla community di Facebook "Per chi ama leggere e confrontarsi con gli autori!" (https://bit.ly/3zNFhr3) nella quale potrai farci conoscere i tuoi commenti, gli apprezzamenti e anche le tue critiche, che ci saranno sempre utili, dialogando anche con l'autore dell'opera.

Potrai così condividere con noi quello che la lettura ti ha ispirato e, se ti farà piacere, potremo anche aggiornarti sui nostri prossimi progetti.

Sarà un modo per poter crescere insieme.

Quattro passi nel Giardino della Cultura

Il giardino della cultura
www.ilgiardinodellacultura.com

www.ingramcontent.com/pod-product-compliance
Lightning Source LLC
Chambersburg PA
CBHW080721120726
48001CB00010B/3103